JN085034

図解 インボイス経理

個人事業主
フリーランス
知識ゼロ
からわかる

ぱる出版

はじめに

　最近、「インボイス」「適格請求書」という言葉をよく聞くようになってきました。「インボイス制度」は2022年の流行語大賞にもノミネートされたので言葉は聞いたことある方が多いかと思いますが、その内容はよく分からないという方も多いようです。

　その理由の一つとして、国税庁や税務署が公開している情報がわざと分かりづらくして本質が分からないようにしているということがあると思っています。

　だからでしょうか？　「インボイス」は、自分たちの仕事には関係ないと思っている個人事業主やフリーランスの方も多いのではないでしょうか？

　「インボイス」とは、簡単に言うと『消費税申告のために正しい請求書を作成する』ということです。

　なんだ！　消費税の申告は自分には関係ないと思った個人事業主・フリーランスの方‼　インボイスはあなたの仕事、いや、あなたの生活を大きく変えて壊してしまうかもしれない、大きな改正なのです。

　なぜ？　それは、インボイスを知らずに令和5年10月1日を迎えると、徐々にあなたへの仕事が減っていくかもしれないからです。

その理由は、インボイスを発行しない人とは、仕事の取引を取りやめるということを多くの企業が考えているからです。

　消費税が平成元年に導入されてから、一定の売上以下の人たちには消費税の申告と納税を免除してきました。そのため、消費税の申告をしない人たちが売上に消費税を乗せて請求した分がその人たちの利益となっていました。この利益のことを『益税』と言い、長らく問題となっていました。

　今回の「インボイス」は消費税額を正しく把握できるようにするために、国が定めた事項を記載した請求書を作成発行しましょうという目的と同時に、この『益金』をなくすという目的もあります。

　『益金』をなくすということは、免税事業者が今まで売上に消費税を乗せていた分を請求できなくなるということを意味し、これはその分の家計の所得が減ることを意味します。

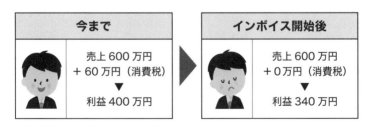

今まで	インボイス開始後
売上 600 万円 ＋60 万円（消費税） ▼ 利益 400 万円	売上 600 万円 ＋0 万円（消費税） ▼ 利益 340 万円

　フリーランスで今まで売上 660 万円だった人が、インボイス導入後 600 万円になったらどうでしょう？　副業で110 万円稼いでいたのに、100 万円になったらどうでしょう？

　数字で見るとそれほど大きく見えないかもしれませんが、物価が高騰して出費が増えてきている現状で、収入が約 10% 減ることはその分生活費が減り死活問題につながります。

　しかもそれだけではないかもしれません。消費税の申告をしてきた取引先が、インボイスを導入しない個人事業主やフリーランスの人と取引を続けると、取引先は消費税が増税になるのです。

　詳しくは後ほど説明しますが、個人事業主やフリーランスの人との取引を行う中で、片方はインボイスを導入しているので今までと同額の消費税の納税になり、片方はインボイスを導入していないので消費税が増税になってしまう。

　取引先がどちらを選ぶかは一目瞭然です。

　インボイスが導入されると、このような事態が待っているのです。あなたは、まだ自分には関係ないと思いますか？

　今ならまだ間に合います。インボイス制度とは何か？自分はインボイスに対してどのように考え、何を準備しな

ければいけないのか？

　一緒に考えていきましょう。そして、いち早くインボイス制度の対策を行い、安心して今の仕事を続けていける状態にしていきましょう。

本書の見方・使い方

今後、インボイス発行事業者になるかどうか、まだ決めていない又は
迷っている方は、以下のフローチャートを試してみて、導かれた章か
ら読み進めると良いでしょう。
もちろん、他の章を参考にしてもらっても大丈夫です。

YES	◄	現在、消費税の申告をしている	►	NO

現在、課税事業主	現在、免税事業主

主な販売先は？	主な販売先は？

課税事業者	免税事業者	個人消費者	課税事業者	免税事業者	個人消費者
第1章	第1章	第1章	第1章	第1章	第1章
第2章	第2章	第2章	第2章	第2章	第2章
第5章	第5章	第5章	第5章	第3章	第3章
第6章	第6章	第6章	第6章	第4章	第4章
第7章	第7章	第7章	第7章	第11章	第11章
第8章	第8章	第8章	第8章		
第9章	第9章	第9章	第9章		
第10章	第10章	第10章	第10章		
第11章	第11章	第11章	第11章		

目次

第2章　そもそも消費税ってなに？

第3章　免税事業者のままでいる

第9章　インボイスに関する Q&A

第10章　令和5年度インボイス制度改正案

第11章　電子帳簿保存法

第1章

インボイス制度について知ろう

1、インボイス制度で廃業!?

　インボイス制度が導入されると個人事業主やフリーランスの多くは廃業に追い込まれるかもしれません。

　なぜ？　それは、個人事業主やフリーランスと取引をしている企業が、取引を止めたり値引きをしてくる可能性が出てくるからです。

　インボイスとは、簡単に言うと『消費税申告のために正しい請求書を作成する』ということです。

　じゃあ、自分たちもインボイスを発行すればいいじゃないかと考えるかもしれませんが、インボイスを発行できるのは、インボイス発行事業者（正しくは適格請求書発行事業者と言います）に限られます。

　インボイス発行事業者になるには、インボイスの登録申請手続きを行い、国から登録を受ける必要があります。しかし、消費税の課税事業者でないと、この登録を受けることはできません。つまり、免税事業者はインボイスを発行することができないのです。

　インボイスを発行しないと、なぜ取引先が取引を止めたり値引きをしてくる可能性が出てくるのかについて説明しましょう。

　フリーランスのあなたが売上先から 11,000 円（うち消費税 1,000 円）で仕事を請負い売上先に納品し、売上先が消費者に 14,300 円（うち消費税 1,300 円）で商品を販売した場合の売上先の消費税の納税額がインボイス開始後、どのようになるかを見てみましょう。

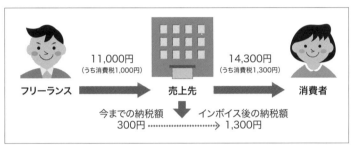

【図 1-1】

　1．今までの消費税納税額

　　　1,300 円 − 1,000 円 = 300 円

　2．インボイスを発行しない場合の消費税納税額

　　　1,300 円 − 0 円 = 1,300 円

　300 円が 1,300 円に、1,000 円も消費税のインボイス開始後の納税額が増えました。

　もし同じ仕事をインボイスを発行するフリーランスに依頼すると、今まで通りの 300 円の納税で良いのです。

　今回は 11,000 円で考えてみましたが、これが 110 万円

だと10万円、1,100万円だと100万円納税額が増えることになります。売上先はどちらのフリーランスに仕事を依頼するでしょうか？　インボイスを発行しない取引先には仕事を頼まなくなるかもしれません。つまり、「取引の停止」です。

　インボイス制度が開始されると、もう1つ起こりうることがあります。

　それは「値引き」です。

　インボイスを発行しないフリーランスと取引をすると1,000円税金が増えるなら、フリーランスへの支払いを1,000円引いた10,000円で行おうと考えるのです。

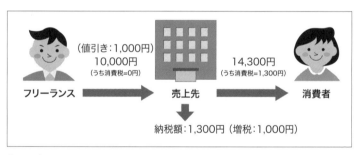

【図1-2】

　そうすると、消費税の納税額は1,000円増えますが、利益が値引きした消費税分の1,000円増えます。増税した分を支払いの値引きをして帳尻合わせをしようということ

です。

　もちろんそうするとフリーランスのあなたの収入はこの分減少します。

　このようにインボイス制度は皆さんが消費税の申告・納税をしていなくても、容赦なく皆さんの仕事に大きな影響を及ぼしてきます。

　それでも何もしないで令和5年10月1日を迎えますか?

　もし、少しでもインボイス制度に対応しようと思った方は、これから皆さんがどのように考え行動していくべきなのかを一緒に考えていきましょう。

２、インボイス制度が始まると起こる『３つ』のこと

インボイスという言葉は聞いたことあるけど、何のことなのか分からない、何をしなければいけないのかが分からないという声をよく聞きます。

私は全国でインボイス制度の講演をする時に、いかに分かりやすく伝えるかということを心がけています。

そして、私が考え出したのがインボイスで起こる『３つ』のことです。

インボイス制度が開始されると起こることを『３つ』に要約して伝えると、数字が苦手な方や高齢者の方もほとんどの方が分かったと言ってくれます。

インボイス制度が始まると起こる３つのこと
１，請求書のフォーマットが変わる
２，消費税の増税
３，免税事業者の仕事や生活が変わる

【図1-3】

インボイスを発行する人たちは請求書のフォーマットが変わり、それに対応した請求書を発行しなければいけません。

　インボイス制度が始まると税率は変わらないのに消費税の納税額が増える人が出てきます。

　そして、インボイス制度が始まると免税事業者の仕事のやり方や収入が変わり、ひいては免税事業者の人たちの生活が変わっていくことになります。

　1は何となく想像がつくかもしれませんが、なぜそれによって2の税金が増え、3の生活が変わってしまうのか、今は意味が分からないかもしれません。講演の時も最初は、皆さん「？」という顔をして意味が分からない様子ですが、話が終わると納得し青ざめる方までいます。

　しかし、インボイス制度が始まると、必ず誰かが消費税の増税になり、免税事業者は今まで通りの仕事のやり方ができなくなり生活まで圧迫していく可能性が高くなるのです。

3、インボイス制度って結局なに？

ここでは、インボイス制度について説明していきます。

国税庁は、『インボイス制度とは、令和5年10月1日からはじまる複数税率に対応した消費税の仕入税額控除の方式のこと』と言っています。

そして、次のように説明しています。

〈売手側〉

売手である登録事業者は、買手である取引相手（課税事業者）から求められたときは、インボイスを交付しなければなりません。また、交付したインボイスの写しを保存しておく必要があります。

〈買手側〉

買手は仕入税額控除の適用を受けるために、原則として、取引相手（売手）である登録事業者から交付を受けたインボイスの保存等が必要となります。

インボイス制度では、売手は買手（課税事業者）にインボイスを交付しなければならず、買手は仕入税額控除（消

費税の減額）を受けるためにインボイスを保存しておかな
ければならないのです。

　言い換えるとインボイス制度は、インボイス番号を持っ
ていない事業者が顧客から消費税分を取れなくなる制度で
あり、インボイス番号を持っていない事業者が取引先から
消費税分をもらえなくなる制度なのです。

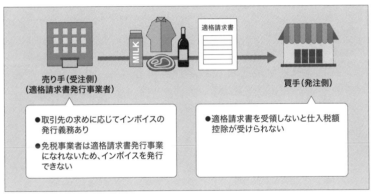

売り手(受注側)
(適格請求書発行事業者)

● 取引先の求めに応じてインボイスの発行義務あり
● 免税事業者は適格請求書発行事業になれないため、インボイスを発行できない

買手(発注側)

● 適格請求書を受領しないと仕入税額控除が受けられない

【図 1-4】インボイス制度とは

　インボイス番号を発行できるのは、消費税の課税事業者
のみです。今まで免税事業者だった個人事業主やフリーラ
ンスは、インボイス制度開始後は課税事業者にならないと
実質、消費税を乗せて請求できなくなるのです。

　そして、買手は売手が発行するインボイスがないと仕入
分の消費税を差し引くことができないのです。

仕入分の消費税を差し引くことができないということは、その分消費税の納税額が増えてしまいます。

４、インボイス開始後の請求書はどう変わる？

　インボイスとは、仕入先に対して税率と税額を正確に伝えるために、いま皆さんが作っている請求書にインボイスに必要な事項を追記した請求書のことです。正式には「適格請求書等保存方式」といいます。長いので一般的には「インボイス」や「適格請求書」と呼ぶことが多いでしょう。

　具体的には、現行の「区分記載請求書」に「登録番号」、「税率ごとの消費税額等」の記載を追加して作成した請求書や領収書などのことです。

【図1-5】請求書の移り変わり

　インボイスには、以下の6つの事項を記載する必要があります。

6つの記載事項
①適格請求書発行事業者の氏名または名称及び登録番号
②課税資産の譲渡等を行った年月日

③課税資産の譲渡等に係る資産または役務の内容
④課税資産の譲渡等の税抜価格または税込価格を 　税率ごとに区分して合計した金額及び適用税率
⑤税率ごとに区分した消費税額等
⑥書類の交付を受ける事業者の氏名または名称

【図1-6】

　インボイスとは、新しく請求書の形が変わるのではなく、いま皆さんが作っている請求書に、上記の①〜⑥が記載されていれば、それでインボイスとなるのです。

　つまり、わざわざ最初から作り直したり、新しく請求書のソフトウェアを買わなくても、手書きや自分でエクセルなどで作成した請求書や領収書であってもインボイスとなります。

　また、インボイスは日本語で請求書を意味しますが、特に請求書でなくてはいけないということはなく、請求書以外にも納品書、領収書、レシート等、さっきの６つの事項が記載されている書類であればインボイスとなります。

5、仕入税額控除について知る

　インボイス導入後は、買手は売手が発行するインボイスがないと仕入分の消費税を差し引くことができないとなっていますが、この仕入分の消費税を差し引くことを「仕入税額控除」と言います。

　仕入税額控除とは、売上の消費税から仕入や経費の消費税を差し引いて、その差額を納税する消費税の仕組みです。

　消費税は、商品・製品の販売やサービスなどの取引に対して課される税金で消費者が負担するのですが、各取引時の事業者がその取引時の消費税を納税します。

　その際、生産や流通といった各取引段階で、二重三重に消費税が累積しないように各取引の都度、仕入にかかる消費税額を控除する仕組みになっています。この仕組みが、「仕入税額控除」です。

　例えば、図1-7の卸売業者の場合、仕入で発生した消費税が5,000円で売上にかかる消費税が7,000円の場合、仕入で発生した消費税5,000円が仕入税額控除の対象となり、7,000円と5,000円の差額の2,000円を申告・納税することになります。

　しかし、インボイス制度が開始されると、完成品製造業

者がインボイスに則った請求書を発行しないと仕入で発生した消費税5,000円を控除することができなくなり、7,000円から0円の差額の7,000円を申告・納税することになり、5,000円の増税となります。

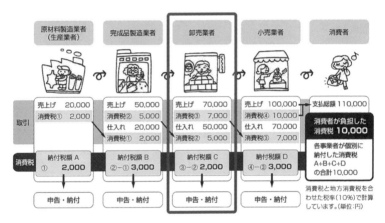

【図1-7】 出典：国税庁「消費税のあらまし」より「第1章 消費税はどんなしくみ？」

6、インボイス制度で影響のない個人事業主

　国税庁は、フリーランスをはじめ個人事業主の約75％を占め、法人を含めると約424万人に上る免税事業者のうち370万人超の約88％が課税事業者になり、インボイス制度を適用すると試算しています。

　業種も、個人タクシーや演劇・映画・出版関連・イラストレーター、音楽・英語教室、生命・損害保険代理店、建設（一人親方）など多岐にわたります。

　逆に、インボイス制度が始まっても免税事業者のままでも問題のない事業者がいます。インボイスの関係ない事業者はどのような人たちでしょうか。

　売上先が以下に当てはまる場合は、取引への影響は生じないと考えられます。

　①売上先が消費者または免税事業者である場合

　消費者や免税事業者は仕入税額控除を行わないため、インボイスを必要としないからです。

　②売上先の事業者が簡易課税制度を適用している場合

　簡易課税制度を選択している事業者は、インボイスを保存しなくても仕入税額控除を行うことができるからです。

　ただ、「あなたの会社は簡易課税制度を選択していますか？」といちいち聞いて回ることはあまり現実的ではありませんので、相手先が簡易課税制度だからといって必ずもインボイスが必要ないとは限りません。

　③消費税が非課税とされるサービス等を提供している事業者との取引の場合

　非課税売上げに対応する仕入れについては仕入税額控除を行うことができないからです。例えば医療や介護など、

消費税が非課税とされるサービス等を提供している事業者に対して、そのサービス等のために必要な物品を販売している場合などは、取引への影響は生じないと考えられます。

インボイス制度が関係ない事業者
①売上先が消費者または免税事業者である場合
②売上先の事業者が簡易課税制度を適用している場合
③消費税が非課税とされるサービス等を提供している事業者との取引の場合

【図 1-8】

7、インボイス制度で影響のある個人事業主

　インボイス制度で影響のある免税事業者は、先ほどのインボイス制度で影響のない個人事業主以外はすべてです。

　影響があると考えられる業種の一例は下記の通りです。
　小売業、飲食業、ビルメンテナンス、タクシー、運送業、著者、不動産貸付業・駐車場業、一人親方

　影響があると考えられるフリーランスは、以下の方々でしょう。

　俳優、映画監督、脚本家、カメラマン、ディレクター、構成作家、編集者、アニメーター、声優、芸人、小説家、漫画家、翻訳家、校正者、ライター、デザイナー、イラストレーター、スタイリスト、ヘアメイク、Web デザイナー、IT エンジニア、ミュージシャン、音楽家、コンサート・ライブスタッフ、ハンドメイド作家、大家、スポーツトレーナー、インストラクター、ダンサー、マッサージ師、ネイリスト、コンサルタント、個人タクシー、ウーバーイーツなどの配達パートナー、配送業者（赤帽など）、シルバー人材センターで働く高齢者、伝統工芸などの職人、農家、駐車場経営者、スナックなどの飲食店、商店の事業者、ヤクルトレディ、フリマサイトや手作り通販サイトの出品者、内職、クラウドワーカー、アフィリエイターなど

　皆さんの事業が、これらに該当する場合はインボイス制度によって影響を受ける可能性は大ですので、しっかりと準備してください。

8、インボイス申請までのスケジュール

　インボイス制度が開始されるのが令和5年10月1日なので、令和5年9月30日までに登録申請すれば良いと思いがちですが、令和5年10月1日からインボイスを発行するには、国税庁や税務署がインボイスの登録申請手続きに一定の時間を要するため、原則令和5年3月31日までに登録申請を済ませる必要があります。

　インボイス制度が開始される直前の令和5年9月30日までではないので、気をつけてください。ただし、令和5年3月31日までに提出することが困難な事情がある場合には、令和5年9月30日まででも大丈夫ですが、各地域によって申請の審査スピードが異なるのでできるだけ早めに申請することをおすすめします。ただし、申請の期限については令和5年9月30日まででOKとされる案が出ています。（令和5年2月5日現在）

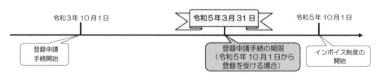

【図1-9】出典：国税庁「インボイス制度の概要」より
　　　　　「消費税の仕入税額控除の方式としてインボイス制度が開始されます」

　免税事業者である個人事業主やフリーランスが令和 5 年 10 月 1 日から令和 11 年 9 月 30 日までの間にインボイス発行事業者の登録を受けることとなった場合には、登録日から課税事業者となることができます。申請日ではなく、税務署が登録を完了した登録日ですので、こちらも気をつけてください。

　この期間中に登録申請を行った場合には、消費税の課税事業者となるための「消費税課税事業者選択届出書」を提出する必要はなく、自動的に課税事業者になります。通常は、「消費税課税事業者選択届出書」を提出してから、その後にインボイスの登録申請をするので、この期間のみが特別なのです。

令和4年12月期	令和5年12月期		令和6年12月期
	登録申請書の提出期限 （令和5年3月31日）（注）	登録日 （令和5年10月1日）	登録日以降は課税事業者となりますので、消費税の申告が必要になります。
免税事業者	免税事業者	インボイス発行事業者 （課税事業者）	インボイス発行事業者 （課税事業者）

【図 1-10】出典：国税庁「インボイス制度の概要」より
　　　　　「消費税の仕入税額控除の方式としてインボイス制度が開始されます」

　インボイス発行事業者になると、基準期間の課税売上高が 1,000 万円以下になっても免税事業者にはならないので注意が必要です。

　また、インボイス発行事業者の登録を受けた日から 2 年

を経過する日の属する年までは、免税事業者にはなることができません。ただし、令和5年10月1日の属する課税期間に登録を受ける場合は、2年間は免税事業者に戻ることができないという縛りはありません。

9、インボイス登録を行っている事業者を見てみよう

　登録申請書を提出し税務署における審査を経て、適格請求書発行事業者（いわゆるインボイス発行事業者）として登録された場合、「国税庁適格請求書発行事業者公表サイト」（以下「公表サイト」といいます。）において、登録情報の公表が行われます。

　公表サイトでは、取引先から受領した請求書等に記載されている番号が正しい「登録番号」であるか、また、その記載された「登録番号」が取引時点において有効なものか（取消を受けたり、失効したりしていないか）を確認することができます。

　「インボイス　番号　検索」で検索するか、「https://www.invoice-kohyo.nta.go.jp/」から見てみてください。

【図 1-11】適格請求書発行事業者公表サイト

【図 1-12】 法人番号公表サイト

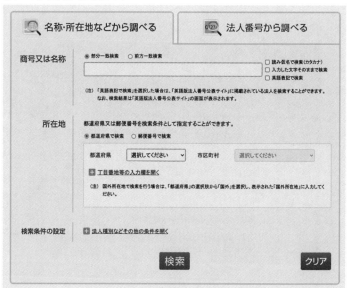

　実際にインボイスの登録番号が分かっている場合は、登録番号を入力して検索すると会社名などが表示されます。

　どんな会社が登録しているのかを見てみたい場合は、「法人番号を検索したい場合はこちら」から会社名と住所で検索するとその会社の法人番号を検索し、その法人番号の前に「T」を付けた番号でインボイス番号を見ることができます。

　大企業などは既にインボイスの登録を行っていることが多いので、皆さんが知っている大企業のインボイス番号を

見ることができます。

　登録番号の構成は、次の通りです。

① 法人番号を有する課税事業者

「T」（ローマ字）＋法人番号（数字 13 桁）

② ①以外の課税事業者（個人事業者、人格のない社団等）

「T」（ローマ字）＋数字 13 桁（※マイナンバーではありません）

　一度付番された登録番号は、変更することはできません。

（参考）登録番号の記載例

• T1234567890123

• T-1234567890123

請求書等への記載の際は、半角でも全角でも構いません。

10、インボイス制度の 6 年間の経過措置

　インボイス制度開始後からは、インボイスを発行していない事業者からの仕入や経費は仕入税額控除ができないと説明してきましたが、令和 5 年 10 月 1 日から 6 年間は、仕入税額相当額の一定割合を仕入税額として控除できる経過措置があります。

　令和 5 年 10 月 1 日から令和 8 年 9 月 30 日までの 3 年間は仕入税額相当額の 80% を控除でき、令和 8 年 10 月 1 日

から令和11年9月30日までの3年間は仕入税額相当額の50%を控除でき、令和11年10月1日からはすべて仕入税額控除ができなくなります。

【図1-13】 ■仕入税額控除1,000円の移り変わり				
	令和5年9月まで	令和5年10月～令和8年9月	令和8年10月～令和11年9月	令和11年10月以降
仕入税額控除	1,000円	800円	500円	0円
増税額	―	200円	500円	1,000円

　いきなり大幅な増税になるのではなく、段階的に控除額を減らして徐々に増税額を増やしていくということになっています。個人事業主やフリーランスの方も取引先がいきなり大幅な増税になるのではないので、この経過措置の期間に課税事業者になるかどうかを検討、交渉してみるのも良いでしょう。

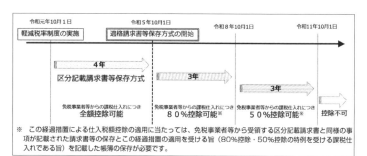

【図1-14】
出典：国税庁「適格請求書等保存方式の概要 －インボイス制度の理解のために－」

11、インボイスの交付が免除される5つの取引

インボイス発行事業者は、国内において商品を販売したりサービスを提供する際に、相手方から求められたらインボイスの交付義務が課されています。

ただし、次の5つの取引は、インボイス発行事業者が行う事業の性質上、インボイスを交付することが困難なためインボイスの交付義務が免除されます。

①　3万円未満の公共交通機関（船舶、バス又は鉄道）による旅客の運送

②　出荷者等が卸売市場において行う生鮮食料品等の販売（出荷者から委託を受けた受託者が卸売の業務として行うものに限ります。）

③　生産者が農業協同組合、漁業協同組合又は森林組合等に委託して行う農林水産物の販売（無条件委託方式かつ共同計算方式により生産者を特定せずに行うものに限ります。）

④　3万円未満の自動販売機及び自動サービス機により行われる商品の販売等

⑤　郵便切手類のみを対価とする郵便・貨物サービス（郵便ポストに差し出されたものに限ります。）

インボイスの交付義務が免除される公共交通機関特例の

対象となるのは、３万円未満の公共交通機関（船舶、バス又は鉄道のみ）による旅客の運送です。

　この３万円未満の公共交通機関による旅客の運送かどうかは、１回の取引の税込価額が３万円未満かどうかで判定します。したがって、１商品（切符１枚）ごとの金額や、月まとめ等の金額で判定することにはなりません。

【具体例】

　東京‐新大阪間の新幹線の大人運賃が13,000円なので、１人分を購入する際はインボイスの領収書等は必要ありませんが、４人分を同時に購入する場合には４人分の52,000円で判定することとなるのでインボイスの交付が必要となります。

【図1-15】公共交通機関特例の３万円未満の判定単位

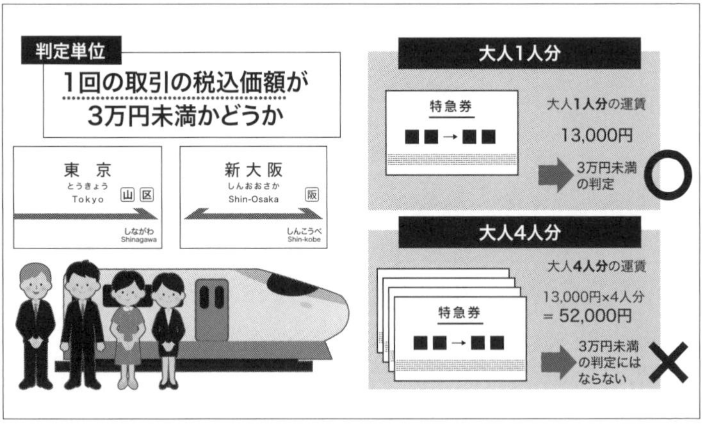

12、ネットオークションや中古車販売、
　　中古商品販売の特例

　ネットオークションや中古車販売、中古商品販売の場合、取引相手が個人であることが多いです。そのような場合、インボイスの取り扱いはどのようになるのかについて説明していきます。

　古物商や質屋の行う一定の取引については、インボイス等の保存が不要（帳簿のみの保存）で仕入税額控除を行うことができる特例（古物商特例・質屋特例）が設けられています。

　特例を適用するためには、以下の①から④までの全ての要件を満たす必要があります。

　① 古物商又は質屋であること

　② インボイス発行事業者でない者から仕入れた古物・質物であること

　③ 仕入れた古物・質物が、当該古物商・質屋にとって棚卸資産（消耗品を除く）であること

　④ 一定の事項が記載された帳簿を保存すること

　①の古物商には、ネットオークション、中古商品の売買、中古車屋、貴金属買い取り、金券ショップ、国内で買い取っ

た中古商品を海外で売るなどがあります。

　最近では副業としてやられている方も増えていますので、該当する方もかなり多いと思います。

　②にある通り、特例を適用するためには、買取りの相手方が「インボイス発行事業者でないこと」が要件となります。

　そのため、買取りの際に相手方に記載させる書類においてインボイス発行事業者か否かのチェック欄を設けるなどの方法によって、買取りの相手方がインボイス発行事業者でないことを客観的に明らかにしておく必要があります。

　また、④にある、帳簿へ記載すべき「一定の事項」とは、以下の（1）から（5）の事項をいいます。

(1) 取引の相手方の氏名又は名称及び住所又は所在地※
(2) 取引年月日
(3) 取引内容（軽減対象である場合その旨）
(4) 支払対価の額
(5) 古物商特例又は質屋特例の対象となる旨

《帳簿の記載例》					
(2)		総勘定元帳（仕入）			
XX年 月日		摘要 (3)	(5)	税区分	借方（円） (4)
11	3	○山△男 （○○県△市〜）	冷蔵庫	古物等 の購入	10%	15,000
11	4	○川口子 （○○県■市〜）	文房具	古物等 の購入	10%	12,000

※ 古物営業法や質屋営業法上作成することとされている帳簿等（古物台帳等）に、取引の相手方の氏名や住所を記載することとされている場合に限り、消費税法上の帳簿に(1)の記載が必要となります。それ以外の場合、例えば、1万円未満の古物の仕入など、古物台帳に取引の相手方の氏名や住所を記載することとされていない場合については、消費税法上の帳簿にも(1)の記載は不要です。

【図1-16】出典：古物商・質屋の方へ 消費税の仕入税額控除の方式として開始される適格請求書等保存方式（インボイス制度）に対応が必要となります。（和歌山県警察）

　古物台帳等は、（1）から（4）の事項が記載されるものであるため、古物台帳等と（5）の事項が記載された帳簿（総勘定元帳等）を合わせて保存することで、上記保存

要件を満たすことも可能です。

　その場合、古物台帳等についても申告期限から 7 年間の保存が必要となります。

　古物商が、古物営業法上の「古物」に該当しないもの（例：金、白金の地金等）を、古物営業と同等の取引方法（古物台帳に記帳する等）により買い受ける場合には、その仕入れも古物商特例の対象となります。

13、インボイス発行事業者になった場合の　　　所得シミュレーション

　インボイス発行事業者になり、消費税の課税事業者になるとどれほど所得の税金が違ってくるのか、シミュレーションしてみましょう。

　売上が 660 万円の 4 人家族でシミュレーションしてみます。

　仕入が 132 万円、消費税が掛からない減価償却費と租税公課が 10 万円、その他経費が 110 万円で考えてみます。

	今まで通り	課税事業者になる	値引きされる
売上	6,600,000	6,000,000	6,000,000
仕入	1,320,000	1,200,000	1,320,000
経費	1,100,000	1,000,000	1,100,000
減価償却費・租税公課	100,000	100,000	100,000
所得	4,080,000	3,700,000	3,480,000
所得税	152,000	123,000	95,000
消費税	0	380,000	0
所得 ― 税金	3,928,000	3,197,000	3,385,000
差額		731,000	543,000

【図 1-17】所得シミュレーション

　今まで税金を引いた所得が 3,928,000 円だったのが、課税事業者になると 3,197,000 円になって所得が 731,000 円減り、免税事業者のままで売上が消費税分値引きされると 3,385,000 円になり 543,000 円減ります。

　一番良いのは今まで通りの取引が続けられることですが、インボイスを行うために課税事業者になるよりも、値引きされた状態で取引を行った方が所得が多いというのは意外ですね。

　数字だけでのシミュレーションだとこのような結果になりましたが、実際の取引の場合、いろんな条件が加わってくると思いますので、一つの参考として考えてみてください。

第2章

そもそも消費税ってなに？

1、インボイスは消費税の制度

　インボイス制度は消費税の申告・納税のための制度です。ですので、インボイス制度のことを知ってどう対応するべきかを考えるには、まずは消費税について知ることが大切です。

　消費税は物やサービスの提供などの取引に課せられる「間接税」です。間接税とは、税金を負担する人が直接納めず、事業者などを通じて納める税金のことです。「直接税」と呼ばれる所得税・法人税などに対し、このように納税義務者と実質負担者が異なる税を「間接税」と呼びます。

　また、消費税は「消費する」（購入する）たびに、消費したモノやサービスに対して、消費した企業や人に課される税金です。

　消費した企業や人が税務署に納付するのではなく、売った企業が消費した企業や人の代わりに税務署に納付する仕組みになっていることが特徴です。

　消費者の個人が 11,000 円の洋服を買った時の消費税 1,000 円は、洋服を販売するまでに関わった事業者がそれぞれ販売時に請求した金額の合計で、その請求分の消費税は各事業者が税務署に納税しています。

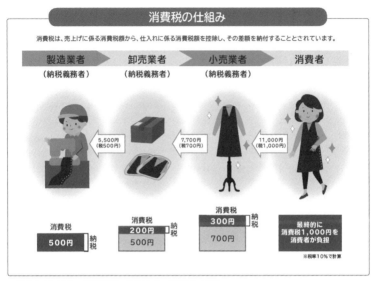

【図2-1】出典：「消費税」を知ろう（財務省より）

　また、取引の各段階で売上の消費税から仕入の消費税の分を控除することによって仕入の消費税に二重、三重に税金が掛からないようにする仕組みを取っており、これを「仕入税額控除」と呼びます。

　消費税は正式名称を「消費税及び地方消費税」と言い、消費税（国税）と地方消費税（地方税）を合わせて「消費税」と一般的に呼んでいます。

　現在の消費税の税率は10%と8%ですが、正式には下記のようになっており、それぞれ消費税は国へ、地方消費税

は都道府県や市区町村に納税していることになっています。

消費税と地方消費税の割合
●標準税率 10％（消費税率 7.8％、地方消費税率 2.2％）
●軽減税率 8％（消費税率 6.24％、地方消費税率 1.76％）

【図2-2】

2、なぜ消費税の増税が起こるのか

消費税は他の税に比べて、どんどん税率が上がっていっています。なぜこのように税率が上がっていっているのか。今後も上がっていく可能性は高いのかということについて考えてみましょう。

消費税が増税されている理由は、大きく二つあります。

今の日本は少子高齢化問題を抱えていて、少子化によって現役世代が減少することによって国の収入が減少しています。その一方、高齢化による医療費や年金などの社会保障費が増大しているので、国の収入を法人税と所得税などに頼っている現状では現役世代に大きな負担をかけることになります。そこで消費税を導入し税負担を全世代にかけることで、現役世代へ負担を集中させないようにしようという理由があります。

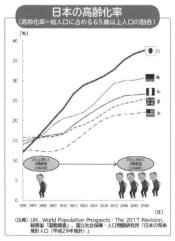
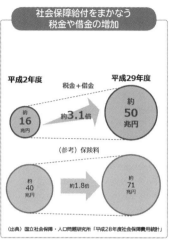

【図2-3】出典：財務省「消費税」を知ろう

　もう一つの理由は所得税が累進課税であるのに対し、消費税は収入の差に関係なくすべての国民が均等に同じ税率を負担します。この同じ税率を負担するということが公平だからという理由で法人税や所得税の税率は下がっている一方、消費税の税率は上がっていっています。

消費税が増税される２つの理由
①少子高齢化問題によって減少している税金を 　現役世代に集中させないため
②同じ税率を負担するということが公平だから

【図2-4】

このような理由によって、令和元年10月に消費税率は8％から10%に引き上げられました。

直接税のイメージ（例：法人税）

販売店（事業者）

年間の事業所得が1億円だった場合

所得：1億円
※法人税率＝23.20%で計算

2,320万円を納税

法人税：2,320万円

税務署

事業者が**直接的**に納税している
（税を納めるのは**事業者**、税を負担するのも**事業者**）

間接税のイメージ（例：消費税）

販売店（事業者）　消費者

商品

1,100円（税込）の商品を購入した場合

本　体：1,000円
消費税：100円
※消費税率＝10%で計算

100円の消費税を実質的に負担

100円を納税
※仕入税額控除は考慮していません

消費税：100円　　　税負担：100円

税務署

消費者が事業者を通して**間接的**に納税している
（税を納めるのは**事業者**、税を負担するのは**消費者**）

【図2-5】直接税と間接税

法人税や所得税の税率は下がっていっていますが、消費税の税率は今後もどんどん上げられていくと思われます。

3、消費税の歴史から観るインボイス導入の理由

消費税法が始まったのは平成元年ですが、実は消費税導入の議論は今から40年前からされていました。

　昭和 54 年大平正芳首相の時に、一般消費税導入が打ち出され閣議決定されますが、その 10 月の選挙で自民党が大敗し、施行できませんでした。

　昭和 62 年中曽根康弘首相の時に売上税法案が国会提出されますが、小売業界からの反発が大きくさらに選挙で自民党が破れ廃案となりました。

　昭和 63 年竹下登首相の時に日本初の付加価値税である消費税が導入され、翌年平成元年 4 月 1 日より税率 3 ％消費税がスタートしました。

　平成 6 年細川護熙首相の時に国民福祉税導入を構想し、消費税廃止と国民福祉税（税率 7 ％）導入を記者会見で発表するも、即日白紙撤回となりました。

　同年村山富市首相の時に消費税増税 5 ％が決定され、平成 9 年橋本龍太郎首相の時に消費税 5 ％がスタートしました。

　平成 16 年小泉純一郎首相の時に税込み価格の表示が義務付けられ、消費税が含まれた価格表示となりました。

　平成 21 年鳩山由紀夫首相に自民党から民主党に政権交代し、平成 23 年野田佳彦首相の時に消費税増税法案が提出され可決されました。

　軽減税率導入も民自公 3 党で合意され平成 26 年に 8 ％、平成 27 年に 10 ％とする案が税制調査会に提出されました。

平成26年安倍晋三首相の時4月1日より税率8％消費税がスタートしました。

　平成27年10月の増税は延期に、平成29年4月の増税も再延期され、令和元年10月1日より消費税が10％に増税されるとともに低所得者に対する対策として軽減税率が導入されました。

　この令和元年10月1日から軽減税率制度が導入されたことによって、インボイス制度の導入が必要とされました。

　しかし、令和元年10月1日から令和5年9月30日までを現行制度から切り替えるための準備期間として「区分記載請求書等保存方式」が採用され、令和5年10月1日から「適格請求書等保存方式」としてインボイス制度が導入されることとなったのです。

　この低所得者への配慮としていた軽減税率制度が導入された段階で、今回のインボイス制度が導入されることは決められていたのです。

　いっそのこと、軽減税率8％をなくして税率を10％に統一するとなればインボイス制度を導入する理由を無くすことができたのかもしれません。

消費税の歴史	
昭和 54 年	一般消費税導入が打ち出され閣議決定されるが施行されない
昭和 62 年	売上税法案が国会提出されるが廃案
昭和 63 年	消費税が導入
平成元年	税率３％消費税がスタート
平成６年	消費税廃止と国民福祉税（税率７％）導入を発表するも、即日白紙撤回
平成９年	消費税５％がスタート
平成 16 年	税込み価格の表示が義務付け
平成 23 年	消費税増税法案が可決
平成 26 年	税率８％消費税がスタート
令和元年	消費税が 10％に増税されるとともに軽減税率が導入
令和５年	インボイス制度が導入

【図 2-6】消費税の歴史

　また、インボイスを日本が導入する理由として、もう１つあります。

　国境を越える取引が盛んに行われてきたヨーロッパでは、インボイス方式は商取引慣行として古くから定着してきました。

　令和４年11月時点では、インボイス方式は日本とアメリカ以外の先進国では既に導入されています。日本人の国民性や日本政府の対応から見ても、他の諸外国が導入しているのに、日本がインボイスを導入しないでいくというこ

とは想像できないです。

　このように消費税の歴史から見ても現在の国際化から見ても、インボイス制度の導入は事前に予定されてきた避けられない制度と思わざるを得ないのです。

－	税率
【創設時】1989年（平成元年）4月1日	3%（国3%）
1997年（平成9年）4月1日	5%（国4%＋地方1%）
2014年（平成26年）4月1日	8%（国6.3%＋地方1.7%）
2019年（令和元年）10月1日	標準税率10%（国7.8%＋地方2.2%） 軽減税率8%（国6.24%＋地方1.76%）

【図2-7】消費税率の変遷

4、消費税の計算はどうやってするの？

（1）原則的な計算方法

　消費税の納付税額は、課税期間中の課税売上高に10パーセント（軽減税率の適用対象となる取引については8パーセント）を乗じた額から、課税仕入高に10パーセント（軽減税率の適用対象となる取引については8パーセント）を乗じた額を差し引いて計算します（正しくは地方消費税と別に計算し、最後に消費税と地方消費税の納付税額を合計します）。

　課税期間は、原則として、個人の場合は1月1日から12月31日までの1年間です。

　なお、この場合の「課税売上高」と「課税仕入高」は、消費税および地方消費税に相当する額を含まない税抜きの価額です。

【図2-8】

消費税の計算方法
消費税の納付税額 ＝ 課税期間中の課税売上に係る消費税額（売上税額） 　－ 課税期間中の課税仕入等に係る消費税額（仕入税額） ※売上税額 ＝ 10%の売上高（税抜）× 10% ＋ 8%の売上高（税抜）× 8% ※仕入税額 ＝ 10%の仕入高（税抜）× 10% ＋ 8%の仕入高（税抜）× 8%

（例）消費税の計算（税抜）

売上（10%）… 10,000,000 円

売上（軽減8％）… 2,000,000 円

経費（10%）… 4,000,000 円

経費（軽減8％）… 1,500,000 円

給与等（不課税）… 5,000,000 円

その他経費（非課税・不課税）… 1,200,000 円

消費税の納付税額 640,000 円＝

（10,000,000 円× 10% ＋ 2,000,000 円× 8%） －

（4,000,000 円× 10% ＋ 1,500,000 円× 8%）

（2）簡易課税制度

「消費税簡易課税制度選択届出書」を提出した事業者は、その提出した日の属する課税期間の翌課税期間以後の課税期間で、その課税期間の前々年の課税売上高が 5,000 万円以下である場合に、その課税期間の仕入れに係る消費税額を控除しないで計算する簡易課税制度の特例が適用されます。

【図2-9】簡易課税制度の計算方法

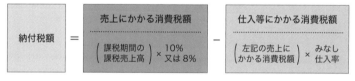

■みなし仕入率

事業区分		みなし仕入率
第1種事業	卸売業	90%
第2種事業	小売業	80%
	農林水産業（食用）	
第3種事業	農林水産業（非食用）	70%
	鉱業、建設業、製造業	
第4種事業	飲食店業（1、2、3、5、6以外の事業）	60%
第5種事業	運輸通信業、金融・保険業、サービス業（飲食店業を除く	50%
第6種事業	不動産業	40%

（例）消費税の計算（税抜）　飲食店業だった場合

売上（10％）… 10,000,000 円

売上（軽減8％）… 2,000,000 円

経費（10％）… 4,000,000 円

経費（軽減8％）… 1,500,000 円

給与等（不課税）… 5,000,000 円

その他経費（非課税・不課税）… 1,200,000 円

消費税の納付税額 464,0000 円＝

（10,000,000 円× 10％ ＋ 2,000,000 円× 8％）－

　　　（10,000,000 円× 10％ ＋ 2,000,000 円× 8％）× 60％

　原則課税との消費税の納税額の差は、176,000 円になり節税となります。一般的に原則課税より簡易課税で計算した方が節税になることが多いです。

　また、経理の業務においても、売上の消費税のみを計算すれば良いので、インボイス制度が始まっても仕入れや経費の請求書や領収書は今まで通り日付と金額のみの入力で処理が済むことから今までとそれほど作業量は増えずに済みます。

　消費税に節税方法は原則ありませんが、この簡易課税制度は消費税の唯一と言っても良い節税ができるかもしれな

い方法ですので、免税事業者が課税事業者になる際は、"絶対に"検討してもらいたい制度です。

簡易課税制度の詳しい解説は、後ほど行います。

5、課税事業者と免税事業者とは

消費税の申告納税をする事業者か、しない事業者かで呼び方が異なります。消費税の申告納税をする事業者を課税事業者と呼び、消費税の申告納税をしなくても良い事業者を免税事業者と呼びます。

課税期間の基準期間（個人事業者は前々年）における課税売上高が 1,000 万円を超える事業者は、消費税の納税義務者（課税事業者）となり申告納税を行います。基準期間における課税売上高が 1,000 万円以下であっても、特定期間における課税売上高が 1,000 万円を超えた場合は、その課税期間においては課税事業者となります。

特定期間とは、個人事業者の場合はその年の前年の 1 月 1 日から 6 月 30 日までの期間のことをいいます。

なお、特定期間における 1,000 万円の判定は、課税売上高に代えて、給与等支払額の合計額により判定することも

できます。

【図 2-10】個人事業者の場合の基準期間と課税期間

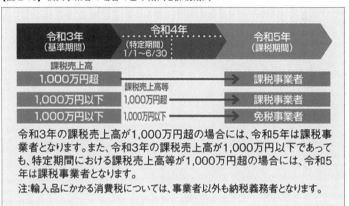

令和3年 (基準期間)	令和4年 (特定期間) 1/1～6/30	令和5年 (課税期間)
課税売上高		
1,000万円超		課税事業者
	課税売上高等	
1,000万円以下	1,000万円超	課税事業者
1,000万円以下	1,000万円以下	免税事業者

令和3年の課税売上高が1,000万円超の場合には、令和5年は課税事業者となります。また、令和3年の課税売上高が1,000万円以下であっても、特定期間における課税売上高等が1,000万円超の場合には、令和5年は課税事業者となります。
注：輸入品にかかる消費税については、事業者以外も納税義務者となります。

　基準期間の課税売上高の課税売上高等が1,000万円以下の事業者（免税事業者）は、その年は納税義務が免除され申告納税しなくて済みます。

第3章

免税事業者のままでいる

1、免税事業者のままでいるとどんなことが起こる？

　令和5年10月1日のインボイス制度開始に向けて、免税事業者はどうするのかを考えなければいけません。

　インボイス制度が開始すると、課税事業者は免税事業者からの仕入れについて、原則、仕入税額控除ができないこととなります。実際は経過措置が設けられており、免税事業者からの仕入れについても、制度実施後3年間は消費税相当額の80%、その後の3年間は50%を仕入税額控除が可能です。

　免税事業者等の小規模事業者は、売上先の事業者と比べて取引条件についての情報量や交渉力の面で格差があり、取引条件が今より不利になることが想定されます。

　このようなことによって、令和5年10月1日以降もしくはそれ以前から、免税事業者のままでいるとどのようなことが起こるのかを想定してみましょう。

（1）取引価格の値下げ
　インボイス制度後の免税事業者との取引において、仕入税額控除ができずに増税になることを理由に、免税事業者に対して取引価格の値下げを要請してくる。

（2）商品・役務の成果物の受領拒否、返品

仕入先から商品を購入する契約をした後、商品の受領を拒否する、受領した商品を返品する。

（3）協賛金等の負担の要請等

免税事業者である仕入先に対して、取引価格の据置きを受け入れるが、その代わりに取引の相手方に別途、協賛金、販売促進費等の名目での金銭の負担を要請する。

（4）購入・利用強制

免税事業者である仕入先に対して、取引価格の据置きを受け入れるが、その代わりにその取引に係る商品・役務以外の商品・役務の購入を要請する。

（5）取引の停止

免税事業者である仕入先に対して、取引を停止する。

（6）登録事業者となるよう要請

課税事業者が、インボイスに対応するために取引先の免税事業者に対して、課税事業者になるよう要請する。

このようなことが起こっても免税事業者のままでいるた

めには、これからどうなっていくのか交渉やシミュレーションを行い状況を予測し、これから事業をどのようにしていかなければならないのかについて、この章では考えてみましょう。

【図 3-1】

免税事業者のままでいると起こる可能性があること
① 取引価格の値下げ
② 商品・役務の成果物の受領拒否、返品
③ 協賛金等の負担の要請等
④ 購入・利用強制
⑤ 取引の停止
⑥ 登録事業者となるよう要請

2、免税事業者のまま現状の価格を維持する

　インボイス制度が始まっても、必ずインボイスを発行しなければいけないということはありません。免税事業者のまま今まで通りの仕事のやり方や価格を続けることもできます。値下げもせず今の金額のまま取引を続けていくとい

うことです。

　何も対応をしていないからといって、法律で罰則を受けることはありません。

　そのため売上・取引先の減少というリスクを飲める場合は、現状維持を選択することも一つの選択肢です。

　免税事業者のままでいるメリットは消費税の申告・納税と経理の負担増がないということです。デメリットは売上減少の可能性が出てくるということです。

【図3-2】

免税事業者のままでいるメリット・デメリット
◎メリット：消費税の申告・納税と経理負担が少ない
●デメリット：売上減少の可能性が出てくる

　また、インボイス制度が始まっても影響の受けない事業を行っている場合も免税事業者のまま現状維持を選ぶことができます。

　インボイスの交付義務が免除されるには、下記の２つのケースが該当します。

　（１）一つ目は、インボイスの交付義務が免除されている場合です。これには、下記のケースがあります。

　・出荷者等が卸売市場において行う生鮮食品等の譲渡

・生産者が漁業協同組合又は森林組合等に委託して行う農林水産物の譲渡

・自動サービス機により行われる課税資産の譲渡等

これらの事業を行っている事業者はインボイスの交付義務が免除されているため、インボイスを交付できない免税事業者のままでも取引相手は仕入税額控除ができるため支障を与えることはありません。

（２）続いて二つ目です。

取引相手が個人や免税事業者などであり、仕入税額控除の要件となるインボイスの交付が必要とされない場合、インボイスの交付を求められることはないでしょう。

個人や免税事業者は仕入税額控除を行う必要がないため、インボイスではない請求書のまま取引を続けられます。

価格を維持できるような努力を行い、このような個人や免税事業者のみを顧客にする事業形態にしていくということも一つの方法です。

【図 3-3】

インボイスを交付しなくいても良いケース
１，インボイスの交付義務が免除されている取引を行う
２，取引相手が個人や免税事業者のみの事業にする

3、免税事業者のままで取引価格の値下げに応じる

　インボイス制度が開始すると、原則免税事業者からの取引には仕入税額控除が認められません。

　課税事業者は免税事業者と取引を継続すると、免税事業者が請求していた消費税分が増税となります。そのため、免税事業者との取引を敬遠する課税事業者も出てくるでしょう。

　普通に考えたら、今までと同じ取引をしているのに、「なぜ自分たちだけ税金が増えるのか」と思いますよね。すると、「この増税分は消費税を納税していない免税事業者の方が負担するべきだ」と値下げ交渉をするということは、普通に考えられる流れだと思います。

　ですので、免税事業者のままでいるということは値下げ交渉はあるものだと、覚悟しておくことが必要かと思います。

　値引きに応じても生活に支障が出ないのであれば、免税事業者のまま値引き対応をして課税事業者と取引を行う選択肢もあるでしょう。

　またその際、制度開始当初の経過措置に着目し、経過措置に対応する分の値引きにのみ応じていくという交渉がで

きます。

　取引先側では、インボイス制度開始から一定期間は、インボイス発行事業者以外の者からの課税仕入れであっても、仕入税額相当額の一定割合を仕入税額とみなして控除できる経過措置が設けられています。

　令和5年10月1日から令和8年9月30日まで仕入税額相当額の80％、令和8年10月1日から令和11年9月30日まで仕入税額相当額の50％が控除できるという経過措置です。

　この間、値引きの額もこの控除できる割合に応じての金額にしてもらうように交渉ができれば、いきなり大幅な値下げにはならないでしょう。

　しかし、値下げ対応には取引相手の同意が必要になります。

　免税事業者と取引を行うと、納付税額の算出のために取引相手は免税事業者に対する仕入や経費と課税事業者に対する仕入や経費を分けて集計を行う必要が出てきます。

　つまり、課税事業者だけと取引をしている場合に比べて、経理処理が煩雑になってしまうのです。

　そのためたとえ値引き対応をしても、課税事業者との仕事の取り合いに負けてしまう可能性があります。

　また、値下げ「交渉」ですので、値下げにならなければ

一番良いですが、もし値下げになってしまった場合、どのように対応しなければいけないのか考えてみましょう。

　例えば、今まで売上が660万円、経費が220万円で所得440万円で生活していた場合、インボイス制度開始後は売上600万円、経費が220万円の所得380万円と生活費が60万円減少します。

【図3-4】

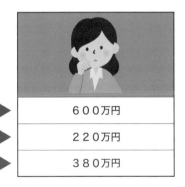

売上660万円	▶	600万円
経費220万円	▶	220万円
所得440万円	▶	380万円

　消費税の申告納税をするよりは、生活費が60万円減ってもなんとかやっていけるという方は免税事業者のままでも良いかもしれません。
　それでは、生活が苦しいけど免税事業者のままでいたい人はどうすればよいでしょう。

そのためには売上を増やすか経費を減らすことで生活費を維持することを考えるべきです。

　経費を減らすには、それぞれの経費で出費を減らせないか、取引先や契約先を変えることで経費を減らせないかを検討していくことになるでしょう。

　売上を増やすには、今の取引先との今までの取引は値引きされても、取引量を増やしてもらって売上を増やすか、新しい取引先を開拓して売上を増やすことになるでしょう。

　他にも副業や新規事業を始めることで全体的な売上を増やす方法も考えていきましょう。

4、業務内容や形態を見直す

　インボイス制度の適格請求書は、すべての人が必要なわけではありません。販売先が個人や免税事業者である事業者の場合、医療や介護など消費税が非課税とされるサービス等を提供している事業者のみの場合、インボイスを発行する必要はありません。

　そのため、そのような取引先のみの場合は、インボイス

を発行するために課税事業者になり消費税の申告納税を行う必要がないのです。

　売上の取引先が免税事業者であるかについては、いつその事業者が課税事業者になるか判断がしにくいため、一律にどのような仕事とは言えませんが、個人や非課税サービスのみを売上の取引先としている仕事には、下記のような内容を行う事業者を挙げることが出来ます。

- 美容院
- 理髪店
- ネイルサロン
- エステサロン
- マッサージ店
- スポーツジム
- 学習塾
- 音楽教室
- 英会話教室
- 居住用住宅の賃貸オーナー
- 医療機関
- 介護機関

　上記のような事業者の取引先が個人や免税事業者である事業者のみである場合は、インボイス発行事業者になる必要がありません。

しかし、課税事業者にも売上の取引先がある場合、例えば美容院が個人への散髪等のサービス提供をしながらもシャンプー等の美容関係商品を課税事業者に販売している場合や、スポーツジムで法人契約をしているような場合には、免税事業者のままでいるのか、課税事業者になった方が良いのかは検討する必要があります。

【図 3-5】

インボイス発行事業者になる 必要がある	取引先が個人や 免税事業者以外にいる
インボイス発行事業者になる 必要がない	取引先が個人や免税事業者のみ

　飲食店の方で、自分のお店のお客さんはほとんど個人だと思っている方がいます。しかし、領収書やレシートが欲しいと言っている人は、ほとんど会社の経費として処理しようと思っている人だと想定されます。その領収書やレシートがインボイスに対応していないと、その会社は消費税分を仕入税額控除できないのでその分増税となります。

　そうすると、会社の方からインボイスに対応しているお店をできるだけ使うようにと指示が出てくるかもしれません。そのようなことが起こってもお店はやっていけるのか、今のうちから領収書やレシートをしっかりと貰っていく人の割合がどれくらいあり、もしその人たちが来なくなって

もやっていけるのかなどを考えていく必要があります。

　このような場合で免税事業者のままでいようとするのであれば、顧客の対象者を個人のみに絞るなど課税事業者との取引を減らすもしくは無くしていくような業務内容や形態に見直す必要があります。

5、唯一無二の存在になる

　唯一無二の存在になるということで、免税事業者のままで引き続き事業を行っていくことができるかもしれません。

　唯一無二の存在とは、自分が提供している商品やサービスが他に代替品がなかったり特別な技術を持っていることです。「その事業者との取引を止めることができない」と取引相手が判断してくれる場合には、たとえ取引相手が仕入税額控除を受けられないというデメリットがあったとしても取引を続けたいと思ってくれるかもしれません。

　免税事業者のままでもこれまでのように仕事を依頼されるほどの存在になれるよう技術を磨く、免税事業者でも仕事を依頼したいと思ってもらう、この製品がないとメイン商品が作れなくなるような製品を生み出すなどができれば、イン

ボイス制度の開始後も変わらず仕事を続けていけるでしょう。

　そのような存在になれるような技術や商品を開発開拓してみるのも一つの手です。

6、経過措置の間に段階的に考える

　そうは言っても、インボイス制度開始まで時間がない。消費税の申告納税なんて初めてでどうすれば分からないし、実際にインボイス制度が始まってみないとどうなるのかなんて分からない、という人がほとんどかもしれません。

　そのような場合は、どうすればよいのでしょう。

　実は、そのような人たちのためにインボイス制度の経過措置があるのです。

　令和5年10月1日のインボイス制度開始とともに、仕入税額控除が0になって、消費税が急に増税になる訳ではないのです。

　令和5年10月1日から6年間は、仕入税額控除の一定割合が控除可能なのです。

　ですので、その6年の間に本格的に値下げ交渉や取引の停止など様々なことが起こるでしょう。また、それととも

にインボイス制度のこともある程度分かってきて、インボイス発行事業者になった方が良いか、免税事業者のままでいた方が良いかの判断ができるようになってくるでしょう。

　経過措置の6年間をインボイス発行事業者になるかどうかを決める「猶予期間」と考えて、じっくり考えると腹を決めると焦ることもなくなり、気持ちも楽になりリセットした気持ちで考えることができるようになるかと思います。

　それまでにこの本に書いてあることをよく読んで、課税事業者になるのか免税事業者のままで継続するのかを決めてみてください。

【図 3-6】

免税業者のままでいるための対応
① 現状の価格を維持する
② 値下げに応じる
③ 業務内容や形態を見直す
④ 唯一無二の存在になる
⑤ 現状の価格を維持しながらも経過措置の間に考える

7、インボイスを導入した他の国を見てみる

　インボイス制度は、日本とアメリカの2か国を除いた先進国では既に導入されています。そして、他の国でも消費税に該当する税金に対する免除の規定があります。他の国の免税事業者がどのようになったのかを知ることで参考になると思います。

　フランスの免税水準は約1,000万円、ドイツは600万円、イギリスは1,200万円です。これらの国では免税であっても、インボイスを発行するために課税事業者となることを選択する事業者がたくさんいます。これを「免税の放棄」といいます。

　フランスとイギリスの標準税率は20%、ドイツは19%なので、課税事業者になると税負担も大きくなりますが、生き残っているのは「免税の放棄」をして課税事業者を選択した小規模事業者です。課税事業者を選択しない事業者は、ほとんどが淘汰されてしまいました。

　やはり、インボイスを発行しないと事業が継続できない状況になり、消費税の税率が増えれば増えるほど、免税事業者として事業を継続していくのは難しいという結果になっていったようです。

第4章

免税事業者のための
取引先との交渉の仕方

1、インボイス制度開始による交渉

　取引価格や販売価格は本来、自分たちで決めるものです。しかし、インボイス制度が始まると取引先である課税事業者は増税になる可能性が出てくるため、今までの価格から値下げ等を要求してくることが出てくるかもしれません。

　免税事業者等の小規模事業者は、取引先の課税事業者との取引条件についての情報量や交渉力の面で差があり、取引条件が一方的に不利になりやすい場合も想定されます。

　仕事の立場が強い方が取引の相手に対し、その立場を利用して不当に不利益を与えることは、「優越的地位の濫用」として、独占禁止法上問題となるおそれがあります。

　仕入先である免税事業者との取引について、インボイス制度の実施を契機として取引条件を見直すこと自体が、直ちに問題となるものではありませんが、見直しに当たっては、「優越的地位の濫用」に該当する行為を行わないよう、行われないように注意が必要です。

　この章では、インボイス制度を契機として、免税事業者が今までの取引条件を見直される場合に、優越的地位の濫用として問題となるおそれがある行為であるかについて、行為ごとにその考え方と対応を示します。

取引条件の交渉がある場合などに参考にしてください。

２、取引対価の引下げへの対応

　取引上優位な地位にある事業者（買手）が、インボイス制度の実施後の免税事業者との取引で、仕入税額控除ができないことを理由に、免税事業者に対して取引価格の引下げを要請し、取引価格の再交渉の際に、仕入税額控除ができない分について、免税事業者の仕入れや諸経費の支払いに係る消費税の負担をも考慮して双方納得の上で取引価格を設定すれば、結果的に取引価格が引き下げられたとしても、独占禁止法上問題となるものではありません。

　しかし、再交渉が形式的なものに過ぎず、仕入側の事業者（買手）の都合のみで著しく低い価格を設定し、免税事業者が負担していた消費税額も払えないような価格を設定した場合には、優越的地位の濫用として、独占禁止法上問題となります。

　また、取引上優越した地位にある事業者（買手）からの要請に応じて仕入先が免税事業者から課税事業者となった場合であって、その際、仕入先が納税義務を負うこととな

る消費税分を勘案した取引価格の交渉が形式的なものにすぎず、著しく低い取引価格を設定した場合についても同様です。

　下請法の規制の対象となる場合でも、下請法第４条第１項第３号や下請法第４条第１項第５号で禁止されている値下げとして問題となります。

　なお、建設業法の規制の対象となる場合でも、下請代金の額を一方的に減額して、免税事業者が負担していた消費税額も払えないような代金による下請契約を締結した場合や、免税事業者である下請負人に対して、契約後に、取り決めた下請代金の額を一方的に減額した場合等により、下請代金の額がその工事を施工するために通常必要と認められる原価に満たない金額となる場合には、建設業法第１９条の３の「不当に低い請負代金の禁止」の規定に違反する行為として問題となります。

3、商品・役務の成果物の受領拒否、返品への対応

　取引上優位な地位にある事業者（買手）が、仕入先から商品を購入する契約をした後において、仕入先が免税事業

者であることを理由に、商品の受領を拒否することは、優越的地位の濫用として問題となります。

　また、仕入先から受領した商品を返品することは、どのような場合に、どのような条件で返品するかについて、仕入先との間で明確になっておらず、仕入先にあらかじめ計算できない不利益を与えることとなる場合、その他正当な理由がないのに、仕入先から受領した商品を返品する場合には、優越的地位の濫用として問題となります。

　なお、同様に、下請法の規制の対象となる場合も、下請法第4条第1項第1号や下請法第4条第1項第4号で禁止されている受領拒否又は返品として問題となります。

4、協賛金等の負担の要請等への対応

　取引上優越した地位にある事業者（買手）が、インボイス制度の実施を契機として、免税事業者である仕入先に対し、取引価格の据置きを受け入れるが、その代わりに、取引の相手方に別途、協賛金、販売促進費等の名目での金銭の負担を要請することは、協賛金等の負担額及びその算出根拠等について、仕入先との間で明確になっておらず、

仕入先にあらかじめ計算できない不利益を与えることとなる場合や、仕入先が得る直接の利益等を勘案して合理的であると認められる範囲を超えた負担となり、仕入先に不利益を与えることとなる場合には、優越的地位の濫用として問題となります。

　その他、取引価格の据置きを受け入れる代わりに、正当な理由がないのに、発注内容に含まれていない役務の提供その他経済上の利益の無償提供を要請することは、優越的地位の濫用として問題となります。

　下請法の規制の対象となる場合でも、下請法第4条第2項第3号で禁止されている不当な経済上の利益の提供要請として問題となります。

5、購入・利用強制への対応

　取引上優越した地位にある事業者（買手）が、インボイス制度の実施を契機として、免税事業者である仕入先に対し、取引価格の据置きを受け入れるが、その代わりに、取引に係る商品・役務以外の商品・役務の購入を要請することは、仕入先が、それが事業遂行上必要としない商品・役

務であり、又はその購入を希望していないときであったと
しても、優越的地位の濫用として問題となります。

　下請法の規制の対象となる場合でも、下請法第 4 条第 1
項第 6 号で禁止されている購入・利用強制として問題とな
ります。

　建設業法の規制の対象となる場合で、元請負人が、免税
事業者である下請負人と下請契約を締結した後に、自己の
取引上の地位を不当に利用して、下請負人に使用資材若し
くは機械器具又はこれらの購入先を指定し、これらを下請
負人に購入させて、その利益を害すると認められた場合に
は、建設業法第 19 条の 4 の「不当な使用資材等の購入強
制の禁止」の規定に違反する行為として問題となります。

6、取引の停止への対応

　事業者がどの事業者と取引するかは基本的に自由です
が、例えば、取引上の地位が相手方に優越している事業者
（買手）が、インボイス制度の実施を契機として、免税事
業者である仕入先に対して、一方的に、免税事業者が負担
していた消費税額も払えないような価格など著しく低い取

引価格を設定し、不当に不利益を与えることとなる場合であって、これに応じない相手方との取引を停止した場合には、独占禁止法上問題となるおそれがあります。

7、登録事業者となるような催促等への対応

　課税事業者が、インボイスに対応するために、取引先の免税事業者に対し、課税事業者になるよう要請することがあります。

　このような要請を行うこと自体は、独占禁止法上問題となるものではありません。

　しかし、課税事業者になるよう要請することにとどまらず、課税事業者にならなければ取引価格を引き下げるとか、それにも応じなければ取引を打ち切ることにするなどと一方的に通告することは、独占禁止法上又は下請法上、問題となるおそれがあります。

　例えば、免税事業者が取引価格の維持を求めたにもかかわらず、取引価格を引き下げる理由を書面、電子メール等で免税事業者に回答することなく、取引価格を引き下げる場合は、これに該当します。また、免税事業者が、この要

請に応じて課税事業者となるに際し、例えば、消費税の適正な転嫁分の取引価格への反映の必要性について、価格の交渉の場において明示的に協議することなく、従来どおりに取引価格を据え置く場合についても同様です。

　したがって、取引先の免税事業者との間で、取引価格等について再交渉する場合には、免税事業者と十分に協議を行っていただき、仕入側の事業者の都合のみで低い価格を設定する等しないよう、注意する必要があります。

【図4-1】

交渉における優越的地位の濫用に対応する法律
○取引対価の引下げ ●独占禁止法 ●下請法第１条第１項第３号、下請法第４条第１項第５号 ●建設業法第１９条の３
○商品・役務の成果物の受領拒否、返品 ●独占禁止法 ●下請法第４条第１項第１号、下請法第４条第１項第４号
○協賛金等の負担の要請等 ●独占禁止法 ●下請法第４条第２項第３号
○購入・利用強制 ●独占禁止法 ●下請法第４条第１項第６号 ●建設業法第１９条の４
○取引の停止 ●独占禁止法
○登録事業者となるような催促等 ●独占禁止法

8、下請法や独占禁止法の違反行為

　親事業者が下請法や独占禁止法に違反した場合、立入調査がされた後に公正取引委員会より「勧告」「指導」「罰金」などの対応がなされます。

　勧告を受けた場合には公正取引委員会の WEB サイト上で「下請法勧告一覧」として企業名や違反内容、勧告概要等が公表され、社会的信頼を失うことになります。

　また、親事業者の義務に関する違反などで 50 万円以下の罰金が科されることがあります。

　もし、違反行為を受けた場合は声をあげることも必要です。

　しかし、フリーランスや個人事業主が下請法や独占禁止法を知っていないと、インボイス制度の施行後に免税事業者ということで不当な対応をされ何も対処できずに言いなりになってしまうことが考えられます。

　免税事業者ということで消費税分の値下げを要求される、課税事業者になったとしても消費税分の値上げが承認されなかったといった事態を招く可能性があります。トラブルとなり泣き寝入りすることのないよう、注意しましょう。

　そのためにも、下請法や独占禁止法のことを正確に理解
して自分の身を守るために、日頃から情報収集を行ってい
きましょう。何の知識もないままに取引が不当な扱いであ
ることに気付き、対処することは難しいです。不安があれ
ば税理士事務所などの専門家に相談することをお勧めしま
す。

第5章

課税事業者になる

1、課税事業者になると今までと何が変わる？

　インボイス制度開始に伴って、課税事業者になりインボイス発行事業者になると何が変わるのかについて考えてみましょう。

　インボイス発行事業者になった場合、仕事の取引については今までと変わることは少ないでしょう。

　変わってくることは①経理処理において消費税を認識する②消費税の申告をする③消費税の納税をする④請求書をインボイス制度に則った書式にするということです。

【図 5-1】

課税事業者になって変わること
① 経理処理において消費税を認識する
② 消費税の申告をする
③ 消費税の納税をする
④ 請求書をインボイス制度に則った書式にする

　このことによって今までよりも経理処理に時間がかかり、消費税の申告をすることによって消費税分の増税となります。

　この手間の増加とインボイス発行事業者にならないことによって仕事が減ってしまう可能性とを比較して、課税事業者になるかならないかを決めることになります。

　実際にインボイス制度が始まってみないとどうなるか分からないと思うかもしれませんが、令和 5 年 10 月 1 日から課税事業者にならなくても、インボイス制度が始まってから取引先にインボイス発行事業者になってくれと言われるかもしれません。その時、どうすればいいのかと慌てないためにも、今からインボイス制度のことを少しずつ学んで心の準備をしておくことが大切です。

　次からは実際に課税事業者になり、インボイス発行事業者になるための方法について具体的にお伝えしていきます。

2、インボイス発行事業者になるためのスケジュール

　インボイス制度が始まるのは令和 5 年 10 月 1 日からですが、この日からインボイス発行事業者になるためには、原則令和 5 年 3 月 31 日までにインボイスの登録を済ませておかなければいけません。令和 5 年 3 月 31 日までにイ

ンボイスの登録を済ませていれば、令和5年10月1日までにインボイスの登録は確実にできるが、令和5年4月1日以降に申請すると令和5年10月1日にインボイスの登録が間に合わないかもしれないということです。

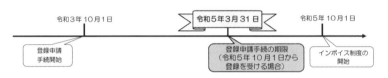

【図5-2】出典：国税庁「インボイス制度の概要」より
　　　　　　「消費税の仕入税額控除の方式としてインボイス制度が開始されます」

　しかし、令和5年10月1日から6年間は、仕入税額相当額の一定割合を仕入税額として控除できる経過措置があるため、インボイスが始まってからしばらく様子を見てみるのも1つの考えでしょう。

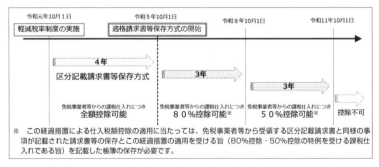

【図5-3】出典：国税庁
　　　　　　「適格請求書等保存方式の概要　ーインボイス制度の理解のためにー」

　また、個人事業主は1月1日から12月31日までが課税期間のため、切りよく令和6年1月1日から課税事業者になる方もいるかもしれません。

　免税事業者である個人事業主やフリーランスが令和5年10月1日から令和11年9月30日までの間にインボイス発行事業者の登録を受けることとなった場合には、登録日から課税事業者となります。ただし、登録申請書にいつからインボイスの登録事業者になりたいと登録希望日を記載した場合は、その日からインボイス登録事業者となることが可能です。

　登録日は、適格請求書発行事業者登録簿に登録された日で、適格請求書発行事業者の登録申請書を提出した日ではないので注意してください。

　この期間中に登録申請を行った場合には、消費税の課税事業者となるための「消費税課税事業者選択届出書」を提出する必要はなく、自動的に課税事業者になります。

令和4年12月期	令和5年12月期		令和6年12月期
	登録申請書の提出期限 （令和5年3月31日）（注）	登録日 （令和5年10月1日）	登録日以降は課税事業者となりますので、消費税の申告が必要になります。
免税事業者	免税事業者	インボイス発行事業者 （課税事業者）	インボイス発行事業者 （課税事業者）

【図5-4】出典：国税庁「インボイス制度の概要」より
　　　　　「消費税の仕入税額控除の方式としてインボイス制度が開始されます」

令和5年分について本来は免税事業者である個人事業者が令和5年10月1日から適格請求書発行事業者の登録を受けた場合（令和5年10月1日より前に登録の通知を受けた場合であっても、登録の効力は登録日である令和5年10月1日から生じることとなります。）には、登録日である令和5年10月1日以後は課税事業者となりますので、令和5年10月1日から令和5年12月31日までの期間に行った課税資産の譲渡等と課税仕入れについて、令和5年分の消費税の申告が必要となります。

　インボイス発行事業者になると、基準期間の課税売上高が1,000万円以下になっても免税事業者にはならないので注意が必要です。

　また、インボイス発行事業者の登録を受けた日から2年を経過する日の属する年までは、免税事業者にはなることができませんのでインボイス発行事業者になる時は慎重に考える必要があります。

　逆に2年を過ぎると免税事業者に戻ることができますが、インボイス番号を記載した請求書を発行することはできなくなります。

3、適格請求書発行事業者の登録の仕方

　適格請求書発行事業者の登録を受けようとする事業者
は、納税地を所轄する税務署長に「適格請求書発行事業者
の登録申請書」を提出する必要があります。

　登録申請書は、国税庁の HP からダウンロードして郵送
するか、e-Tax を利用しても提出できます。個人事業者は
スマートフォンでも手続が可能となります。郵送等により
登録申請書を提出する場合の送付先は、管轄の税務署では
なく、各国税局の「インボイス登録センター」ですので気
を付けてください。登録申請書は、A4 用紙 2 枚程度の次
の書類で時間もほとんど掛からず、記載内容も簡単ですの
で十分自分で行うことができます。

　2 ページ目の「登録要件の確認」は "はい" と "いいえ"
がありますが、インボイスの登録をするためには、"はい"
にチェックをしないと審査が通りませんので、分からなけ
れば "はい" にチェックして提出してください。「課税事
業者です。」は適格請求書発行事業者になった後に課税事
業者ですか？という意味ですので、もちろん適格請求書発
行事業者になるためには課税事業者でなければいけません
ので、"はい" になります。分かりづらいですよね。

「適格請求書発行事業者の登録申請書」(初葉)の記載例【個人事業者用】

【公表に関する留意事項】

適格請求書発行事業者として登録された場合は、「**氏名**」及び「**登録番号**」が公表されます。以下の事項の公表を追加で希望する場合は、「**適格請求書発行事業者の公表事項の公表(変更)申出書**」を提出する必要があります。

◇ 主たる屋号　◇ 主たる事務所の所在地等　◇ 通称　◇ 旧姓

※　「通称」及び「旧姓」は、**住民票に併記されている場合にのみ公表**することができます。

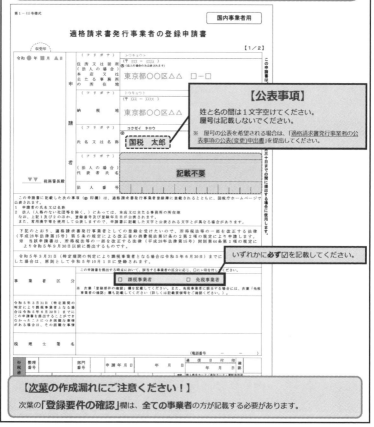

【次葉の作成漏れにご注意ください！】

次葉の「**登録要件の確認**」欄は、全ての事業者の方が記載する必要があります。

【図 5-5】出典：国税庁「［手続名］適格請求書発行事業者の登録申請手続（国内事業者用）」

「適格請求書発行事業者の登録申請書」(次葉)の記載例 【個人事業者用】

初葉の「事業者区分」欄で**「免税事業者」**を選択した方は、一定の条件を満たす場合以外は、課税期間の初日から登録を受ける場合であっても、**上段にチェックをいれてください。**

適格請求書発行事業者の登録申請書（次葉）

【2/2】

こちらに☑を記載してください。

ただし、一定の条件**（下記①から③の全て）**を満たす場合のみ、下の□に☑を記載してください。

※ 個人番号を必ず記載し、本人確認書類の写しを添付してください。

（一定の条件）
下記①から③の全てを満たす場合のみ、☑を記載してください。
① 提出時点で免税事業者の方が、
② 翌課税期間から課税事業者となり、（「消費税課税事業者選択届出書」を提出して課税事業者になる場合を含みます。）
③ 課税事業者となる「課税期間の初日」が、
・令和5年9月30日以前の場合で、令和5年10月1日から登録を受ける場合
　又は
・令和5年10月1日以降の場合で「課税期間の初日」から登録を受ける場合

令和5年10月1日を希望する場合は、記載不要です。
令和5年10月2日以降の課税期間初日から登録を受ける場合もこちらに記載してください。

提出時点は免税事業者でも令和5年9月30日以前に課税事業者となる場合は、令和5年9月30日以前の日を記載して構いません。
ただし、登録年月日は、「令和5年10月1日」となります。

消費税課税事業者（選択）届出書を提出し、納税義務の免除の規定の適用を受けないこととなる課税期間の初日から登録を受けようとする事業者

免税事業者の場合で、適格請求書発行事業者の登録を受ける場合に「はい」に☑を記載してください。

課税事業者です。
※ この申請書を提出する時点において、免税事業者であっても、「免税事業者の確認」欄のいずれかの事業者に該当する場合は、「はい」を選択してください。

□ はい　□ いいえ

納税管理人を定める必要のない事業者です。
（「いいえ」の場合は、次の質問にも答えてください。）

□ はい　□ いいえ

定める必要がない場合に「はい」に☑を記載してください。
今後出国するなど、国内に住所を有しないこととなる場合には、納税管理人を定める必要がありますので、「いいえ」に☑を記載してください。
それ以外の方は「はい」に☑を記載してください。
「いいえ」の場合は、下欄の納税管理人の届出（※）について記載してください。
※ 届出をしていない場合、申請が拒否されることがあります。

納税管理人を定めなければならない場合（国税通則法第117条第1項）
【個人事業者】国内に住所及び居所（事務所及び事業所を除く。）を有せず、又は有しないこととなる場合
【法人】国内に本店又は主たる事務所を有しない法人で、国内にその事務所及び事業所を有せず、又は有しないこととなる場合

納税管理人の届出をしています。
「はい」の場合は、消費税納税管理人届出書の提出日を記載してください。
消費税納税管理人届出書　（提出日：令和　　年　　月　　日）

□ はい　□ いいえ

消費税法に違反して罰金以上の刑に処せられたことはありません。
（「いいえ」の場合は、次の質問にも答えてください。）

□ はい　□ いいえ

その執行を終わり、又は執行を受けることがなくなった日から2年を経過しています。

□ はい　□ いいえ

罰金以上の刑に処せられたことがない場合は、「はい」に☑を記載してください。
（注）「加算税」や「延滞税」は罰金ではありません。
「いいえ」の場合は、下欄の執行状況（※）について記載してください。
※ 下欄の確認事項が「いいえ」の場合、申請が拒否されることがあります。

全ての事業者の方が記載する必要があります。

免税事業者の方は、適格請求書発行事業者となった場合、**登録がされた日以降の取引について消費税の申告が必要**となります。

※ 申請書の提出時点では免税事業者の方が、令和5年9月30日までに課税事業者となる場合は、登録がされた日以降ではなく、**課税事業者となった日以降の取引について消費税**の申告が必要となります。
　申請書の提出時点で**課税事業者**の方が、令和5年9月30日までに**免税事業者となった場合**でも、適格請求書発行事業者として登録された日以降は、再び課税事業者となり、登録がされた日以降の取引について消費税の申告が必要となります。

【図5-6】

課税事業者の場合と免税事業者の場合のそれぞれのケースによる具体的な登録申請書の書き方が令和5年1月に国税庁から公表されましたので、このフローチャートも使ってみてください。

https://www.nta.go.jp/taxes/shiraberu/zeimokubetsu/
shohi/keigenzeiritsu/pdf/0022012-012_03.pdf

　登録申請書の提出を受けた税務署長は、問題がなければ、適格請求書発行事業者として登録を行い、登録を受けた事業者に対して、下記のような通知で連絡がきます。

【図 5-7】出典：国税庁「適格請求書発行事業者の登録申請データ
　　　　　　　　作成マニュアル（e-Tax ソフト（WEB 版））」

4、インボイス登録番号の公表サイト

インボイス発行事業者の情報は、「国税庁適格請求書発行事業者公表サイト」において公表されます。

「国税庁適格請求書発行事業者公表サイト」は、適格請求書等保存方式（いわゆるインボイス制度）が開始される令和5年10月1日以後に取引先から受領した請求書等に記載されている番号が正しい「登録番号」であるか、また、その記載された「登録番号」が取引時点において有効なものか（適格請求書発行事業者が登録の取消等を受けていないか）を確認するためのサイトです。

「国税庁適格請求書発行事業者公表サイト」には、以下が記載されます。

（1）法定の公表事項

① 適格請求書発行事業者の氏名又は名称

② 法人（人格のない社団等を除きます。）については、本店又は主たる事務所の所在地

③ 特定国外事業者以外の国外事業者については、国内において行う資産の譲渡等に係る事務所、事業所その他これらに準ずるものの所在地

④ 登録番号

⑤ 登録年月日

⑥ 登録取消年月日、登録失効年月日

（2）本人の申出に基づき追加で公表できる事項

① 個人事業者の「主たる屋号」、「主たる事務所の所在地等」

② 人格のない社団等の「本店又は主たる事務所の所在地」

登録申請書を提出してから公表サイトに掲載されるまでの期間として、一時期に多量の登録申請書が提出された場合は処理に時間を要するなど、登録申請書の提出状況により異なります。現時点における登録申請書を提出してから登録通知までに要する期間については、「国税庁適格請求書発行事業者公表サイト」に掲載されるので、そちらから確認してください。なお、登録申請書の記載内容に不備がある場合は、標準的な処理期間より時間がかかることがありますので、令和5年3月31日近くでは余裕をもって提出しましょう。【図5-8】

インボイスの登録が完了したら、継続的に取引を行う取引先に対して、登録番号や交付・受領方法の連絡を行っておくと、インボイス制度が開始した後にお互い取引がスムーズに進みます。

< 国税庁適格請求書発行事業者公表サイトでの公表例 >

【図 5-8】 出典：国税庁
「適格請求書発行事業者の登録申請データ作成マニュアル（e-Tax ソフト（WEB 版））」

5、インボイスの請求書の作り方

インボイスの登録が終わったら、実際に自分たちの請求書をインボイスに対応したものに作り変えておく必要があります。

インボイスが始まるまでの令和5年9月30日までは、区分記載請求書という形式で良いとされています。

以下の5つの事項が記載されてあれば大丈夫でした。

① 発行者の氏名または名称

② 取引年月日

③ 取引の内容

④ 税率ごとに区分して合計した対価の額および適用税率

⑤ 受領者の氏名または名称

適格請求書（インボイス）にするには、この5つに加え次の2つの事項を記載すれば大丈夫です。

(1) 登録番号

(2) 税率ごとに区分した消費税額等及び適用税率【図5-9】

ただし、小売業、飲食店業、タクシー業のように短時間に多くの人にレシートや領収書を発行する業種の場合、いちいち受領者の氏名または名称を記載することは非現実的

(参考) 請求書等の記載事項の比較

区分記載請求書

① 書類の作成者の氏名又は名称
② 資産の譲渡等の年月日
③ 課税資産の譲渡等に係る内容（軽減対象資産の譲渡等である旨）
④ 税率ごとに区分して合計した課税資産の譲渡等の対価の額（税込み）
⑤ 書類の交付を受ける事業者の氏名又は名称

請求書		
㈱○○御中		XX 年 11 月 30 日
11 月分　131,200 円（税込）		
日付	品名	金額
11/1	小麦粉 ※	5,400 円
11/1	牛肉 ※	10,800 円
11/2	キッチンペーパー	2,200 円
⋮	⋮	⋮
合　計		131,200 円
10%　対象		88,000 円
8%　対象		43,200 円
※軽減税率対象		△△商事㈱

適格請求書

請求書		
㈱○○御中		XX 年 11 月 30 日
11 月分　131,200 円（税込）		
日付	品名	金額
11/1	小麦粉 ※	5,000 円
11/1	牛肉 ※	10,000 円
11/2	キッチンペーパー	2,000 円
⋮	⋮	⋮
合　計	120,000 円	消費税 11,200 円
10%対象 80,000 円		消費税 8,000 円
8%対象 40,000 円		消費税 3,200 円
※軽減税率対象		△△商事㈱
登録番号 T12345………		

区分記載請求書の記載事項に以下を加えます。
① 登録番号
② 税率ごとの消費税額及び適用税率
（税率ごとに区分して合計した額は、「税抜き」又は「税込み」のいずれでもかまいません。）

【図 5-9】出典：国税庁消費税軽減税率制度の手引き

であることから、受領者の氏名または名称がない「適格簡易請求書」の発行が認められています。

「適格簡易請求書」の発行が認められているのは以下の業種です。

① 小売業
② 飲食店業
③ 写真業
④ 旅行業
⑤ タクシー業
⑥ 駐車場業（不特定かつ多数の者に対するものに限ります。）

⑦ その他これらの事業に準ずる事業で不特定かつ多数の者に資産の譲渡等を行う事業

また、適格請求書や適格簡易請求書の様式は、決められておらず先ほどの7つ（他の箇所では6つの記載要件と記載しています）の必要事項の記載があれば問題がありません。

ですので、適格請求書や適格簡易請求書を発行するために必ずしも新たな請求書のソフトウェアを購入する必要はありませんし、手書きやエクセル等で自作の請求書でも、十分適格請求書や適格簡易請求書に該当します。【図5-10】

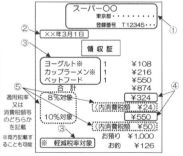

適格請求書
① 適格請求書発行事業者の氏名又は名称及び登録番号
② 取引年月日
③ 取引内容（軽減税率の対象品目である旨）
④ 税率ごとに区分して合計した対価の額（税抜き又は税込み）及び適用税率
⑤ 税率ごとの消費税額等（端数処理は一請求書当たり、税率ごとに1回ずつ）
⑥ 書類の交付を受ける事業者の氏名又は名称

適格簡易請求書※
① 適格請求書発行事業者の氏名又は名称及び登録番号
② 取引年月日
③ 取引内容（軽減税率の対象品目である旨）
④ 税率ごとに区分して合計した対価の額（税抜き又は税込み）
⑤ 税率ごとの消費税額等（端数処理は一請求書当たり、税率ごとに1回ずつ）又は適用税率

※ 不特定多数の者に対して販売等を行う小売業、飲食店業、タクシー業等が交付することができます。

【図5-10】出典：国税庁消費税軽減税率制度の手引き

6、インボイス制度開始後の経理業務

インボイス制度で経理処理の大きな変更になるのは、課
税事業者になって「本則課税」という方法で消費税を申告・
納税する場合です。

インボイス制度後に大きく変わる経理業務は、大きく6
つあります。

１．請求書の様式の変更

請求書に記載する項目が変更するため、請求書のフォー
マットを変更したり、請求書を発行するシステム上での設
定の変更が必要となります。必要な項目が記載されていな
い場合は、システム改修やバージョンアップが必要になり
ます。

２．取引先がインボイスに対応した事業者なのかの確認

登録番号を請求書に記載することができるのは、インボ
イス発行事業者のみなので登録番号が付されていることだ
けでも、それがインボイスであると認識することができま
すが、インボイス発行事業者ではないにも関わらず登録番
号を付しているという可能性も否定できません。

そのため、インボイスに記載された登録番号の確認が経
理担当者には必要となります。

確認のためには、国税庁が提供する適格請求書発行事業者公表サイトを利用します。このサイトでは、登録番号を入力することで、その登録番号の事業者情報を確認することができます。

　インボイスに記載された登録番号と、事業者情報が一致することで、そのインボイスが偽りのないものであるという確認をする必要があります。

　３．受け取った請求書の選別

　インボイス制度開始後は、「インボイス」の要件を満たした請求書でないと課税仕入れに含まれる消費税額を仕入税額控除することができなくなります（しばらくの間は一定の経過措置があります）。

　そのため、経理担当者は請求書の中で、登録番号が付されている請求書なのか、登録番号が付されていない請求書なのかを選別してから入力処理をする必要が出てきます。

　今までは受け取った請求書の情報をそのまま入力すれば良かったのが、この請求書の選別という作業が加わることとなります。

　４．仕訳処理

　インボイス制度開始後の令和5年10月1日以後は、年度の途中からでも仕訳の入力の仕方も異なってきます。

　消耗品（10％対象）：1,100円を現金で購入した場合の具

体的な会計処理・仕訳例で、免税事業者等との取引処理が
どう変わるかをみてみましょう。

　課税事業者からの仕入（税抜処理）

（1）消耗品費　　　1,000 円　／　　現金　1,100 円

　仮払消費税等　100 円

　免税事業者からの仕入（令和 5 年 10 月 1 日から令和 8
年 9 月 30 日まで）

（2）消耗品費　　　1,020 円　／　　現金　1,100 円

　仮払消費税等　80 円

　　　　　OR

（3）消耗品費　　　1,000 円　／　　現金　1,100 円

　仮払消費税等　100 円

　雑損失　　　　　20 円　／　仮払消費税等　20 円

　今までや課税事業者からの仕入は、消費税分の 10% を
認識するだけなので分かりやすいですが、インボイス制度
開始後の免税事業者からの仕入は分かりづらいです。

　令和 5 年 10 月 1 日から 6 年間は経過措置があるため、
通常の消費税納税計算とは異なり、帳簿や仕訳において別
の消費税区分等を設定して対応せざるを得ず、会計実務が
煩雑で分かりづらくなることは確実です。

　5．消費税の計算方法の変更（端数処理方法／集計方法）

これまでは、請求書の商品ごとに計算しても良く、端数処理もその度に行うことができました。

　しかし、インボイス制度開始後はルールが変わり、税率ごとに税込金額を合計してから消費税を割り返して計算しなければなりません。つまり、端数処理も税率ごとに１回となります。

　インボイス制度では、商品ごとに消費税の端数処理を行うことは認められないため、

　（１）勘定科目ごとに商品明細を分類し

　（２）その商品の税率別・課税区分別に税抜金額を集計し

　（３）それぞれの税率をかけて税込金額を計算する

　（４）税込金額の合計がインボイスに記載された税率別の税込金額の合計と異なる場合は、仮払消費税等で差額を修正する必要があります。【図5-11】

　一つのインボイス（適格請求書）に複数の税率の商品が混在し、これを複数の勘定科目に分割して仕訳を計上する場合、経理事務の負担はさらに大きなものになります。

　６．消費税申告の対応

　確定申告時には、どの取引が仕入税額控除対象かどうか見分け、課税仕入の消費税額を仕訳集計しなければいけません。

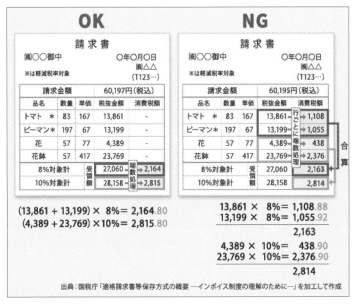

【図5-11】出典：国税庁　適格請求書等保存方式の概要

　また、仕訳の集計は新たな税区分として「課税仕入10％
（インボイス）」「課税仕入8％（インボイス）」「免税事業
者との取引で課税仕入の消費税とみなされる額（経過措
置）」などを集計する必要があります。

　このように、経理・会計・税務の実務全般の大きな変更
を強いられ、業務が増加することは間違いありません。

　インボイス制度が開始された時点で困ることが無いよ
う、事前に業務フローの見直しやシステムの変更、税務の

専門家によるサポートを受けておくことが必要になってくるでしょう。

【図5-12】

インボイス制度開始後の経理業務
① 請求書の様式の変更
② 取引先がインボイスに対応した事業者なのかの確認
③ 受け取った請求書の選別
④ 仕訳処理
⑤ 消費税の計算方法の変更（端数処理方法／集計方法）
⑥ 消費税申告

7、インボイス制度に向けての社員研修

　インボイス制度は、経営者や経理だけが理解していたら充分という訳ではありません。アルバイトやパートも含めてすべての方が理解しておく必要があります。それなので、必須なのが従業員教育です。

　まず、自社の売上請求書発行に携わる担当者に対しては、インボイス制度の実施が近づくにつれて、取引先からインボイス制度に関しての対応状況の問い合わせや確認の書面

などが来ることが予想されます。そのため、担当者へ事前にインボイス制度の概要説明と、問い合わせの連絡や書面が届いた場合の対応フローを今から準備しておくとよいでしょう。

仕入担当も、仕入先の計上してくる各品目単位の税率と消費税計算、端数処理の妥当性が正しいかどうかチェックしなければなりません。その際、正しい知識を持ってチェックするのとそうでないのとでは、その時の処理時間に差が生じるのは当然ですが、後日の手間が大変となり最終的に税務署から修正の指摘を受けたり、取引先に迷惑をかけてしまったりという大変な事態に発展しないとも限りません。

社内の経費精算においても、インボイス制度開始後に気を付ける点があります。インボイス制度の適用を受けるには「適格請求書発行事業者番号」が記載された請求書や領収書の会社での保管が原則になります。

例えば、クレジットカードを使用してAmazonなどのECサイトから商品を購入した場合、これまではクレジットカードの利用明細とECサイトからの納品書を経理で保管することで内部統制を図っていた方もいると思います。

インボイス制度開始後は、納品書ではなく、ECサイトから「適格請求書発行事業者番号」が記載されたインボイスを都度ダウンロードするなどして経理に提出してもら

い、それを経理が保管しておくことが必要になります。

　また、「適格請求書発行事業者番号」がない領収書やレシートが多いと、その分は消費税の増税になります。経営者は増税は避けたい想いとして、全社員にできるだけ「適格請求書発行事業者番号」がある領収書やレシートのところを利用するようにと伝えることが必要です。

　このように全社員に影響する細かい実務的な注意点も出てきますので、インボイス制度開始に向けた社内研修を行う時間なども、あらかじめ確保しておくとよいでしょう。

　国税庁でも動画を使って、インボイス制度のことを分かりやすく解説していますので、ぜひ活用してみてください。

インボイスの基本・申請方法

https://www.youtube.com/watch?v=jS_W3u_hBGw

端数処理のやり方

https://www.youtube.com/watch?v=Gxnt582rkBQ

立替経費の処理など

https://www.youtube.com/watch?v=GxPj5DvBUkE

【図 5-13】

インボイスの研修が必要な人
１．売上請求書発行に携わる担当者： 取引先からインボイス制度に関しての対応状況の問い合わせや確認の書面などへの対応が必要
２．仕入担当： 仕入先の計上してくる各品目単位の税率と消費税計算、端数処理の妥当性が正しいかどうかチェックが必要
３．経費精算が必要なすべての従業員： インボイスに対応した経費計算と領収書の保管が必要

8、インボイスに対応したシステムの改修

　インボイス制度開始にあたって、使用するシステムを市販サービスにするか自社開発や手作業にするかは、迷うところです。

　現在市販サービスを利用している場合、新たなシステム導入が必要となるケースはほとんどなく、現在使用している市販サービス側が機能アップデートして対応してくれることがほとんどかと思います。ただ、「インボイスに対応

します」と連絡のない市販サービスを使用している場合、確認が必要です。

　一方、自社開発システムや大幅にカスタマイズしたシステムを利用していたり手作業で行っている場合、改修に時間がかかるので、早めの対応が必要となります。

　市販サービスを必ず使用しなければインボイス制度に対応できないという訳ではありませんが、自分たちでインボイス制度に対応する場合は、制度を理解して早めに取り掛かるようにしてください。

　インボイス制度に対応するにあたって、主に次の4つのシステムがあると良いと考えられます。

　①請求書発行システム

　インボイス発行に必要な事項をすべて記載できるシステムが必要になります。加えて、各品目の税込金額の合計ではなく、税率ごとに消費税額を計算できる機能があると便利です。

　②会計システム

　免税事業者やインボイス発行事業者以外からの課税仕入れは仕入税額控除を受けられないので、適格請求書類とそうでないものとを区分して管理する必要があります。そのため、免税事業者からの仕入用の税区分を追加し、取引先に応じて税区分を自動切り替えできる機能が求められます。

　また、既存の「割戻計算方式（消費税込みの合計額から割り戻しで消費税を計算）」よりも利益が出やすいとされている「積上方式」で消費税額を算出できる機能もあると便利です。意味が分からなければ、システム会社にこの本を見せるかこの通りに聞いてみてください。

　③販売管理システム／受発注システム

　仕入システムは手書きなどで対応されている事業者も多いと思いますが、今回のインボイス制度開始に合わせてシステム化も検討してみてください。取引先の中にはインボイス発行に不慣れな業者の方もいらっしゃり、端数処理の仕方や計算方法などが間違った請求書を発行してくることも考えられます。

　区分記載請求書の記載ルールに対応しているマスター機能で取引先ごとに課税・免税の識別ができるといったインボイス制度対応機能があると、これらの作業が断然楽になります。

　課税事業者と免税事業者の識別ができないと、仕入税額控除の計算に使う書類を分類・保管する際の作業が煩雑になってしまう恐れもあります。

　また、管理システム上でデータの検索や整理ができない場合、いざ書類が必要になった際に大量のデータの中から探さなければなりません。作業効率を考えても、インボイス制度に対応した受発注管理システムはあった方が良いです。

④ POS レジ／ POS システム

　領収書にも登録番号等の必要事項が記載されていれば、領収書やレシートも適格請求書（簡易適格請求書）として扱うことができます。これまで経費精算には手書きの領収書が使われていましたが、インボイス制度においては各アイテムに対する税率を把握する必要があるので、軽減税率（複数税率）に対応したPOSレジ／ POSシステムがあると良いでしょう。

　また、現段階で各システムの導入が進んでいない場合、電子データでインボイスを保管できるように、電子帳簿保存法に対応した電子帳簿保存システムを導入するのも一つの手です。この本の最後の方に電子帳簿保存についても解説しますので、参考にしてください。

【図 5-14】

インボイスに対応するためのシステム
1．請求書発行システム
2．会計システム
3．販売管理システム／受発注システム
4．POS レジ／ POS システム

第6章

インボイス導入時に使える補助金

1、インボイス制度に対応する時に利用できる補助金

インボイス制度に対応するために必要な会計ソフトや受発注システム、決済ソフトといったシステム、それらを使用するパソコンやタブレットといった端末、レジなどを購入することを検討するときに悩むのがお金の問題です。

そんなお金の問題を手助けしてくれる制度があります。それが「補助金」です。補助金についても多くの個人事業主やフリーランスは、知識や情報不足でせっかく貰える補助金を貰っていないことが多いです。最近は補助金の申請支援を当事務所も含め税理士事務所が行っていますので、情報収集や依頼に活用してみてください。国や政府もインボイスの導入を推進しており、インボイスに対応する人たちにはインボイス枠の補助金を別途に設けています。

インボイス制度に対応するための支出への補助金は次の3つがあります。それぞれ説明していきます。

1．IT 導入補助金（デジタル化基盤導入類型）
2．小規模事業者持続化補助金（インボイス枠）
3．ものづくり補助金

2、IT 導入補助金（デジタル化基盤導入類型）

　IT 導入補助金は、インボイス制度に対応するために必要な会計ソフトや受発注システム、決済ソフトといったシステム、それらを用いるパソコンやタブレットといった端末、レジなどを購入した支出に対して補助されます。

　令和4年度には、通常枠とは別に「デジタル化基盤導入類型枠」が設けられ、インボイス制度への対応機器、電子帳簿保存法への対応機器が対象になっています。

【補助額】
デジタル化基盤導入類型の補助額：0円〜350万円
（安価な会計ソフトも対象になるように下限額が撤廃）

【補助率】
会計・受発注・決済・EC のうち1機能以上の場合
3／4以内
会計・受発注・決済・EC のうち2機能以上の場合
2／3以内

【補助対象経費】

ソフトウェア購入費・クラウド利用費（最大2年分）・導入関連費等

　導入関連費の内訳としてはソフトウェア購入費、ハードウェア購入費、クラウドシステム利用料、その他の導入関連費などが対象となります。対象となるハードウェアはパソコン／タブレットなどの端末機器／プリンター／スキャナ／複合機器です。

3、小規模事業者持続化補助金（インボイス枠）

　小規模事業者持続化補助金は小規模事業者が経営計画を策定して取り組む販路開拓等を補助するものです。

　令和5年3月以降は免税事業者からインボイス発行事業に転換する事業者(インボイス転換事業者)を対象に、全ての補助金枠で50万円の上乗せをし、販路開拓(税理士への相談費用を含む)などにも使用できるようになっています。

　こちらのサイトから補助金を受けられるか無料診断を受けられますので、良かった

ら診断してみてください。

【補助額】

インボイス転換事業者の通常枠：100万円

インボイス転換事業者の特別枠：250万円

（インボイス転換事業者以外の枠の補助限度額より50万

円多いです。）

【補助率】

補助率2／3

【補助対象経費】

①機械装置等費

②広報費

③ウェブサイト関連費

④展示会等出展費

⑤旅費

⑥開発費

⑦資料購入費

⑧雑役務費

⑨借料

⑩設備処分費

⑪委託・外注費

　インボイスにかかる費用としては①機械装置等費の「管理業務効率化のためのソフトウェア」で申請することになります。

　その他にも免税事業者がインボイス発行事業者に登録すると、税理士相談費用、機械装置導入、広告費、展示会出展費、開発費、委託費等も補助対象となります。

4、ものづくり補助金

　正式には「ものづくり・商業・サービス生産性向上促進補助金」と呼ばれるものです。ものづくり補助金は生産性向上を目的とした必要な設備投資を支援するものです。ものづくり補助金は、通常枠、回復型賃上げ・雇用拡大枠、デジタル枠、グリーン枠、グローバル市場開拓枠の5つの枠からなります。

　インボイス制度の支援を目的に作られた補助金ではないものの、インボイス制度に対応するために新システムを導入した場合、デジタル枠が適用できる場合があります。

　また、免税事業者でありインボイス制度が原因で業績が悪化した場合は、回復型賃上げ・雇用拡大枠が利用できる

可能性もあります。回復型賃上げ・雇用拡大枠は、業況が
厳しい中で給与支給額の増加や雇用の維持・拡大に取り組
む事業者を支援するために設けられています。

　こちらのサイトから補助金を受けられるか
無料診断を受けられますので、良かったら診
断してみてください。

【補助額】

５人以下　　　　１００万円〜７５０万円

６人〜２０人　１００万円〜１，０００万円

２１人以上　　１００万円〜１，２５０万円

※グリーン枠（スタンダード・アドバンス）、グローバ
ル市場開拓枠は除く

【補助率】

通常枠：１／２、２／３（小規模・再生事業者）

回復型賃上げ・雇用拡大枠、デジタル枠、グリーン枠：２／３

【補助対象経費】

DX（デジタルトランスフォーメーション）に資する革
新的な製品・サービス開発又はデジタル技術を活用した

生産プロセス・サービス提供方法の改善による生産性向上に必要な設備・システム投資等

第7章

はじめての消費税の経理処理

1、消費税の経理のやり方

　消費税の課税事業者は、消費税の金額を正しく計算・把握し、仕訳入力などの経理処理をする必要があります。

　消費税の会計処理をする場合、課税事業者は税込経理方式と税抜経理方式の２種類から選択でき、どちらの方式を採用するかは事業者が選ぶことができます。一方、免税事業者は税込経理方式しか使うことはできません。

　税込経理方式とは、消費税等を売上高や仕入高等に含めて経理する方法です。一方、税抜経理方式とは、消費税等を売上高や仕入高等に含めないで区分する経理方法です。

【図 7-1】

税込経理方式	消費税等を売上高や仕入高等に含めて経理する方法
税抜経理方式	消費税等を売上高や仕入高等に含めないで区分する経理方法

　日常の買い物でも「内税」「外税」という言葉を聞いたことがある人は多いでしょう。この「内税」方式で経理処理をするのが税込経理方式、「外税」方式が税抜経理方式

ということになります。では、それぞれの特徴について簡単に説明していきましょう。

　税込経理方式は、売上の消費税額は売上金額に、仕入の消費税額は仕入金額に含めて計上し、期末の決算の際に納税する消費税額をまとめて一括で確定する方法です。確定した消費税額は「租税公課」として計上し、還付になった消費税があれば「雑収入」で計上します。

　税抜経理方式は、1回の売上、1回の仕入ごとに本体価格と消費税額を分けて処理する方法です。売上にかかる消費税は「仮受消費税等」、仕入にかかる消費税は「仮払消費税等」として計上します。期末の決算時にはこの仮受消費税等と仮払消費税等を相殺し、納付額があれば「未払消費税等」、還付される場合は「未収消費税等」として処理することになります。

　具体的に税抜経理方式と税込経理方式での経理処理の違いを見てみましょう。小売店が商品（標準税率10％が適用されるもの）を7,000円（税抜き）で現金仕入し、10,000円（税抜き）で現金で販売した場合の具体的な仕訳は次の通りになります。

【図7-2】

仕 入 先		小 売 店		消 費 者
	7,000 円		10,000 円	
	700 円（消費税等）		1,000 円（消費税等）	

1．税抜経理方式

（1）仕入時
（借方）仕入　　　　　7,000 円　　（貸方）現金　　　　　7,700 円
　　　　仮払消費税等　 700 円

（2）売上時
（借方）現金　　　　 11,000 円　　（貸方）売上　　　　 10,000 円
　　　　　　　　　　　　　　　　　　　　　仮受消費税等　 1,000 円

（3）決算時
（借方）仮受消費税等 1,000 円　　（貸方）仮払消費税等　 700 円
　　　　　　　　　　　　　　　　　　　　　未払消費税等　　300 円

2．税込経理方式

（1）仕入時
（借方）仕入　　　　　7,700 円　　（貸方）現金　　　　　7,700 円

（2）売上時
（借方）現金　　　　 11,000 円　　（貸方）売上　　　　 11,000 円

（3）決算時
（借方）租税公課　　　 300 円　　（貸方）未払消費税等　　300 円

2、税込経理方式のメリット・デメリット

　消費税の会計処理をどちらにしたら良いのかは、消費税が初めての方はよく分からないでしょう。そこで、「税込経理方式」と「税抜経理方式」の2つの方式の違いとそれぞれのメリット・デメリットについて、法人成りする際のことも想定して解説していきます。

（1）税込経理方式のメリット

　税込経理方式の最大のメリットは、仕訳処理が簡単なことです。1回ごとの取引に消費税額を分けて記載する必要がなく、決算時にまとめて租税公課と未払消費税等として処理すればよいので楽です。特に中小企業や個人事業主などで会計ソフトを使用していない場合は、この簡便さは非常に魅力的です。

　また、期首の資本金が1,000万円以下の会社や個人事業主の場合、通常開業から2期目までは免税事業者となります。先に説明した通り、免税事業者の場合は税込経理方式しか選択することができません。3期目以降課税事業者となった場合も、そのまま税込経理方式を採用し続ければ、方式を統一することで前期との比較がしやすいというメリットが得

られます。

　課税売上額が5,000万円以下の場合は簡易課税制度の適用が受けられますが、この場合、消費税額の計算方法が通常の場合と大きく異なります。簡易課税の場合の控除仕入税額は、実際仕入の際に支払った消費税額ではなく、売上に伴って受け取った消費税額に「みなし仕入率」という一定の割合を乗じて算出されます。そのため未払消費税等の金額は、仮払消費税等と仮受消費税等との差額と大きく乖離してしまいます。したがって、簡易課税の場合は税込経理方式の方が適していると言えます。

　もう一つ見逃せないのは、節税対策です。機械などを購入した場合には特別償却や特別税額控除といった特例が適用されますが、特別償却の対象となる金額が税込経理方式なら税込価格、税抜経理方式なら税抜価格となっており、税込経理方式を採用した方が控除額が大きくなります。

（2）税込経理方式のデメリット

　デメリットとしてまず挙げられるのは、期中の損益が把握しづらい、ということです。順調に売上が上がっているように見えても、期末になって消費税が確定し、損益に反映してみたら案外それほどでもなかった、ということが起こり得ます。決算まで全ての取引を消費税込みで記載し続

ける以上、最後に消費税の額を計上するまでいくら納税しなければならないか分からないのと、消費税の額を最後に計上することで損益が大きく変わってしまうというデメリットが生じます。

　固定資産の取得価格が、税込経理方式の場合は税込金額で評価されてしまうというのも不利な点です。法人税や所得税には減価償却の特例判定というものがあり、例えば 10 万円未満のものなら購入時に消耗品費として一括計上することができます。しかし、仮に本体価格 98,000 円のものを購入した場合、税別なら 10 万円未満に該当しますが、税込だと 107,800 円（消費税率 10% の場合）となり、消耗品費として費用処理することはできません。

　30 万円以下の少額減価償却資産の購入にも、一定の条件を満たせば同様に全額経費とできる優遇措置が取られることになっています。この優遇措置の適用を受ける際も、同じ理由で税込経理方式の方が不利となり得ます。

　もう一つ注意したいのが、法人の交際費の扱いです。交際費に関しても、税込経理方式であれば固定資産と同じく金額は税込価格で評価されます。資本金 1 億円以下の中小企業の場合、800 万円以下の交際費は損金として計上できますが、800 万円を超えた部分は課税対象になります。

　例えば年間の交際費が税別 800 万円だった場合、税込経

理方式を採用している場合は880万円（消費税10％の場合）として評価され800万円を超えた80万円が損金となりません。

【図7-3】

税込経理方式のメリット
① 仕訳処理が簡単 ② 免税事業者は３期目以降の前期比較がしやすい ③ 簡易課税の場合適している ④ 特別償却の控除額が大きくなる

税込経理方式のデメリット
① 期中の損益が把握しずらい ② 10万円未満の消耗品費や30万円以下の少額減価償却資産 　 の判定が不利 ③ 法人の場合、交際費の800万円以下の判定が不利

3、税抜経理方式のメリット・デメリット

　もう一つの方法である税抜経理方式にはどのようなメリット・デメリットがあるのでしょうか。詳しく見ていきましょう。

（1）税抜経理方式のメリット

　税抜経理方式の場合、消費税はその都度「仮払消費税等」「仮受消費税等」として仕入額・売上額とは別に計上されるため、期中でも損益と納税額を正確に把握できるというメリットがあります。

　これは期末にならなければ損益が確定しない税込経理方式とは正反対の特徴です。仮払消費税等と仮受消費税等の差額を見れば、消費税の納付額がその時点でいくらになっているのかも確認することができます。

　売上高利益率が税込経理方式の場合と比べて高くなるのも大きな特徴です。売上高利益率は「当期純利益÷売上高」によって算出されますが、税抜経理方式では税込の場合より売上高が低くなるので、結果として売上高利益率が高くなるからです。売上高利益率が高いということは効率の良い経営を行っているということで、財務指標が良くなり、銀行からの評価も上がります。

　また、財務指標を表すもう一つの数字に固定比率というものがあります。これは自己資本に対する固定資産の割合を示すもので低いほうが良いとされていますが、税抜金額の方が当然割合は低くなるので、やはり良い経営を行っているように見えて有利です。

　なお建設業許可者の場合、公共事業に入札するには経営

事項審査を受ける必要がありますが、その際に提出する財務諸表は税抜で作成しなくてはなりません。普段税込経理方式を採用しているといちいち税抜で作り直さなくてはならないので、余分な手間がかかります。

　そして、法人の交際費の計算が有利になるのは税抜経理方式です。なぜなら、税抜経理方式ならば交際費の表示は消費税と別にされるので、消費税分だけ交際費の額を低くすることができるため、税込処理方式よりも多く使うことができます。

　資本金1億円以下の中小企業の場合、800万円以下の交際費は損金として計上できますが、800万円を超えた部分は課税対象になります。例えば年間の交際費が税別800万円だった場合、税込経理方式を採用している場合は880万円（消費税10％の場合）として評価され800万円を超えた80万円が損金となりませんが、税抜処理形式の場合、税込880万円まで使っても800万円と計上されるので全額損金となります。

　資産の購入時に、その金額が10万円以下のものであれば経費になります。この場合の計算でも、税抜経理方式の方が有利となります。税込経理方式で税抜98,000円の商品を資産として購入してしまうと、記載は107,800円となってしまい、10万円を超えるので経費ではなく資産となり

ます。税抜経理方式であれば、98,000円と記載できるため経費とすることができます。

　30万円以下の少額減価償却資産の購入にも、一定の条件を満たせば同様の全額経費にできる優遇措置が取られることになっています。この優遇措置の適用を受ける際も、同じ理由で税抜経理方式の方が有利となり得ます。

　印紙を貼る際の金額も税抜処理の場合は税抜価格で計算し、税込処理の場合は税込価格で計算するので、税込処理をしている方が印紙が高くなることがあります。

（2）税抜経理方式のデメリット

　税抜経理方式では、仕訳の際に本体価格と消費税額を分ける必要があります。そのため、まとめて処理する税込経理方式と比べると、経理処理に手間がかかります。

　会計ソフトを使用すればソフトが自動的に振り分けるので、特に意識する必要はありませんが、会計ソフトを導入する余裕のない個人事業主やフリーランスではかなりの負担となります。

　1件1件の仕訳についても、仮払消費税等や仮受消費税等といった勘定科目が必要になり、複雑になります。期末に租税公課／未払消費税という形で1回で記載できる税込経理方式に比べると、帳簿の量も多くなり、仕訳が面倒だ

という点で劣るとも言えます。

　減価償却では税込経理方式の方が評価額が高くなってしまうため不利であるという解説をしましたが、反対に特別償却や特別税額控除で特例を受ける際には税抜経理方式の方が不利です。これらの特例では、控除額を「取得価格×一定の割合」で算出するのですが、税抜経理方式では取得価格が本体価格のみとなるため、税込の場合と比べて低くなってしまうからです。

【図 7-4】

税抜経理方法のメリット
① 期中でも損益と納税額を正確に把握できる ② 売上利益率が高くなる ③ 固定比率が低くなる ④ 経営事項審査の書類を作成しやすい ⑤ 法人の場合、交際費を多く使うことができる ⑥ 10 万円未満の消耗品費や 30 万円以下の少額減価償却資産の判定が有利 ⑦ 印紙が安くなる

税抜経理方法のデメリット
① 経理処理に手間がかかる ② 特別償却や特別税額控除で特例を受ける際に不利

4、税込処理と税抜経理どちらが有利なのか

　2つの方法を比べると、当然ながら税込経理方式の方が計算・記載が煩雑にならずに済みますが、節税においては明らかに税抜経理方式の方が税込経理方式よりも得であることがわかります。

　税抜経理方式を採用する場合、処理を全て手作業で行うとすれば非常に大きな労力を注ぐことになります。そのため、税抜経理方式を採用するには会計ソフトなどの便利なツールを導入することが望ましいですが、こうした準備をするための資金的・時間的余裕のない個人事業主やフリーランスには税込経理方式を採用する場合が多いです。処理を楽に行いたいのであれば、税込経理方式が圧倒的に有利です。

　ただ会計ソフトを導入するなどの比較的小さなコストで税抜経理方式にすると、以下のような節税に繋げることが可能です。

・固定資産になるか経費になるかの基準（10万円以上なら固定資産）

- 一括償却資産になるかどうかの基準（20万円未満）
- 少額減価償却資産になるかどうかの基準（30万円未満）
- 法人の場合、交際費の損金不算入の判定
- 印紙の貼付に係る金額の判定

また、消費税の金額を間違えるリスクも考えなければいけません。現在の消費税率は10%と8％ですが、税率が2種類もしくはそれ以前の税率が混在されていたり、今後も税率の引き上げられることが考えられます。他にも海外との売買が存在した場合、税率の割合が変わることもあります。こうした税率変動への対応は、税込経理方式では不利になります。

なぜなら消費税分を含めて記載してしまうため、ちゃんと異なる税率が適用されていたとしても、記録上それが目で見てわからないからです。税抜経理方式であれば、消費税分を別にして計算していますから、異なる税率が混同されるリスクがありません。

インボイス制度に対応するのであれば、原則課税の場合は税抜経理方式、簡易課税の場合は税込経理方式が良いでしょう。

このように税込経理方式と税抜経理方式にはどちらにもメリット・デメリットがあります。どちらを採用するかは、どちらが自分の事業に向いているか否かで判断しましょう

5、消費税の申告のやり方

　個人事業主は、3 月 31 日までに消費税の申告と納付が必要です。

　消費税の申告書作成自体は、会計ソフトを使用しているとそれほど難しくありません。消費税の申告は、申告書作成より経理処理でいかに正しく入力しているかで決まります。

　消費税及び地方消費税の確定申告に必要な書類は以下です。

　原則課税方式で必要になる書類は、次の 2 点です。
• 消費税及び地方消費税確定申告書（一般用）
• 付表 2　課税売上割合・控除対象仕入税額等の計算表

【図 7-5】

　簡易課税方式で必要になる書類は、次の 2 点です。
• 消費税及び地方消費税確定申告書（簡易用）
• 付表 5　控除対象仕入税額の計算表

【図 7-6】

第3-(1)号様式

GK0304

OCR入力用（この用紙は機械で読み取ります。折ったり汚したりしないでください。）

令和　年　月　日

税務署長殿

納税地

（電話番号）　　－　　－

（フリガナ）

名称又は屋号

個人番号又は法人番号

↓個人番号の記載に当たっては、左端を空欄とし、ここから記載してください。

（フリガナ）

代表者氏名又は氏名

※税務署処理欄

一連番号

整理番号

申告年月日　令和　　年　　月　　日

申告区分　指導等　庁指定　局指定

通信日付印　確認　個人番号カード　通知カード・運転免許証　その他（　）　身元確認

指導年月日　令和　　年　　月　　日　相談区分1区分2区分3

第一表

自平成／令和　　年　　月　　日

至令和　　年　　月　　日

課税期間分の消費税及び地方消費税の（　　　　）申告書

中間申告の場合の対象期間　自平成／令和　　年　　月　　日　至令和　　年　　月　　日

令和元年十月一日以後終了課税期間分（一般用）

この申告書による消費税の税額の計算

		兆千百十億千百十万千百十一円	
課税標準額	①	0 0 0	03
消費税額	②		06
控除過大調整税額	③		07
控除税額 控除対象仕入税額	④		08
返還等対価に係る税額	⑤		09
貸倒れに係る税額	⑥		10
控除税額小計（④+⑤+⑥）	⑦		11
控除不足還付税額（⑦－②－③）	⑧		13
差引税額（②+③－⑦）	⑨	0 0	15
中間納付税額	⑩	0 0	16
納付税額（⑨－⑩）	⑪	0 0	17
中間納付還付税額（⑩－⑨）	⑫	0 0	18
この申告書が修正申告である場合 既確定税額	⑬		19
差引納付税額	⑭	0 0	20
課税売上割合 課税資産の譲渡等の対価の額	⑮		21
資産の譲渡等の対価の額	⑯		22

この申告書による地方消費税の税額の計算

地方消費税の課税標準となる消費税額	控除不足還付税額	⑰		51
	差引税額	⑱		52
譲渡割額	還付額	⑲		53
	納税額	⑳	0 0	54
中間納付譲渡割額	㉑		0 0	55
納付譲渡割額（⑳－㉑）	㉒		0 0	56
中間納付還付譲渡割額（㉑－⑳）	㉓		0 0	57
この申告書が修正申告である場合 既確定譲渡割額	㉔			58
差引納付譲渡割額	㉕		0 0	59
消費税及び地方消費税の合計（納付又は還付）税額	㉖			60

⑪=（⑨+⑩）・⑭=⑧+⑪・修正申告の場合⑪=⑪+⑳
※が還付税額となる場合はマイナス「－」を付してください。

付記事項・参考事項

割賦基準の適用	有 無	31
延払基準等の適用	有 無	32
工事進行基準の適用	有 無	33
現金主義会計の適用	有 無	34
課税標準額に対する消費税額の計算の特例の適用	有 無	35

控除税額の計算方法

課税売上高5億円超又は課税売上割合95%未満：個別対応方式／一括比例配分方式

上記以外：全額控除

基準期間の課税売上高　　　　　千円

還付を受けようとする金融機関等	銀行・金庫・組合・農協・漁協	本店・支店・出張所・本所・支所
	預金 口座番号	
	ゆうちょ銀行の貯金記号番号	
	郵便局名等	

※税務署整理欄

税理士署名

（電話番号）

税理士法第30条の書面提出有

税理士法第33条の2の書面提出有

【図7-5】 消費税及び地方消費税確定申告書（一般用）

第28-(1)号様式

付表2　課税売上割合・控除対象仕入税額等の計算表 〔一　般〕

| 課税期間 | ・・～・・ | 氏名又は名称 | |

項　目		金　額	
課 税 売 上 額 （ 税 抜 き ）	①		円
免 税 売 上 額	②		
非 課 税 資 産 の 輸 出 等 の 金 額、海外支店等へ移送した資産の価額	③		
課税資産の譲渡等の対価の額（①＋②＋③）	④		※申告書の⑮欄へ
課 税 資 産 の 譲 渡 等 の 対 価 の 額（④の金額）	⑤		
非 課 税 売 上 額	⑥		
資 産 の 譲 渡 等 の 対 価 の 額（⑤＋⑥）	⑦		※申告書の⑯欄へ
課 税 売 上 割 合 （ ④ ／ ⑦ ）		〔　　　　　%〕 ※端数切捨て	
課 税 仕 入 れ に 係 る 支 払 対 価 の 額（税込み）	⑧	※注2参照	
課 税 仕 入 れ に 係 る 消 費 税 額（⑧×6.3／108）	⑨	※注3参照	
特 定 課 税 仕 入 れ に 係 る 支 払 対 価 の 額	⑩	※注2参照 ※上記課税売上割合が95％未満、かつ、特定課税仕入れがある事業者のみ記載してください	
特 定 課 税 仕 入 れ に 係 る 消 費 税 額（⑩×6.3／100）	⑪	※注3参照	
課 税 貨 物 に 係 る 消 費 税 額	⑫		
納 税 義 務 の 免 除 を 受 け な い （ 受 け る ） こ と と な っ た 場合における消費税額の調整（加算又は減算）額	⑬		
課 税 仕 入 れ 等 の 税 額 の 合 計 額　（⑨＋⑪＋⑫±⑬）	⑭		
課 税 売 上 高 が 5 億 円 以 下 、 か つ 、 課 税 売 上 割 合 が 9 5 ％ 以 上 の 場 合（⑭の金額）	⑮		

課税売上高が5億円超又は課税売上割合が95％未満の場合	個別対応方式	⑭ のうち、課税売上げにのみ要するもの	⑯		
		⑭ のうち、課税売上げと非課税売上げに共 通 し て 要 す る も の	⑰		
		個別対応方式により控除する課税仕入れ等の税額　〔⑯＋（⑰×④／⑦）〕	⑱		
	一括比例配分方式により控除する課税仕入れ等の税額　（⑭×④／⑦）		⑲		

控除の税額調整額	課税売上割合変動時の調整対象固定資産に係る消費税額の調整（加算又は減算）額	⑳		
	調整対象固定資産を課税業務用（非課税業務用）に転用した場合の調整（加算又は減算）額	㉑		
差引	控 除 対 象 仕 入 税 額〔（⑮、⑱又は⑲の金額）±⑳±㉑〕がプラスの時	㉒		※申告書の④欄へ
	控 除 過 大 調 整 税 額〔（⑮、⑱又は⑲の金額）±⑳±㉑〕がマイナスの時	㉓		※申告書の③欄へ
貸 倒 回 収 に 係 る 消 費 税 額		㉔		※申告書の③欄へ

注意 1　金額の計算においては、1円未満の端数を切り捨てる。
2　⑧及び⑩欄には、課税仕入れ、特定課税仕入れに係る対価の返還等の金額がある場合（仕入対価の返還等の金額を仕入金額から直接減額している場合を除く。）には、その金額を控除した後の金額を記入する。
3　上記2に該当する場合には、⑨又は⑪欄には次の算式により計算した金額を記入する。

課税仕入れに係る消費税額⑨＝〔 課税仕入れに係る支払対価の額（仕入対価の返還等の金額を控除する前の税込金額） × 6.3／108 〕－〔 仕入対価の返還等の金額（税込み） × 6.3／108 〕

特定課税仕入れに係る消費税額⑪＝〔 特定課税仕入れに係る支払対価の額（特定課税仕入れ対価の返還等の金額を控除する前の支払対価の額） × 6.3／100 〕－〔 特定課税仕入れ対価の返還等の金額 × 6.3／100 〕

4　⑩及び⑪欄は、課税売上割合が95％未満、かつ、特定課税仕入れがある事業者のみが記載する。
なお、課税売上割合が95％未満、かつ、特定課税仕入れがある事業者は、併せて別表を提出する。
5　㉒欄と㉔欄のいずれにも記載がある場合には、その合計金額を申告書③欄に記入する。

（平成27.10.1以後終了課税期間用）

【図 7-5】付表2　課税売上割合・控除対象仕入税額等の計算表

【図 7-6】 消費税及び地方消費税確定申告書 (簡易用)

142

付表5　控除対象仕入税額の計算表　　　　　　　　　　　簡易

| 課税期間 | ・・～・・ | 氏名又は名称 | |

項　　　　　目		金　　　額
課税標準額に対する消費税額（申告書②欄の金額）	①	円
貸倒回収に係る消費税額（申告書③欄の金額）	②	
売上対価の返還等に係る消費税額（申告書⑤欄の金額）	③	
控除対象仕入税額計算の基礎となる消費税額（①＋②－③）	④	
1種類の事業の専業者の場合〔控除対象仕入税額〕 ④×みなし仕入率（90%・80%・70%・60%・50%）	⑤	※申告書⑥欄へ

2種類以上の事業を営む事業者の場合	課税売上高に係る消費税額の計算	区　分	事業区分別の課税売上高（税抜き）		左の課税売上高に係る消費税額
		事業区分別の合計額 ⑥	※申告書「事業区分」へ　円	売上割合 ⑫	円
		第一種事業（卸売業）⑦	※	% ⑬	
		第二種事業（小売業）⑧	※	⑭	
		第三種事業（製造業等）⑨	※	⑮	
		第四種事業（その他）⑩	※	⑯	
		第五種事業（サービス業等）⑪	※	⑰	

控除対象仕入税額の計算式区分		算　出　額
原則計算を適用する場合 ④×みなし仕入率 〔（⑬×90%＋⑭×80%＋⑮×70%＋⑯×60%＋⑰×50%）／⑫〕	⑱	円
特例計算を適用する場合	1種類の事業で75%以上 ⑦／⑥・⑧／⑥・⑨／⑥・⑩／⑥・⑪／⑥≧75% ④×みなし仕入率（90%・80%・70%・60%・50%）	⑲	

		75%以上		
2種類の事業で	（⑦＋⑧）／⑥≧75%	④×〔⑬×90%＋（⑫－⑬）×80%〕／⑫	⑳	
	（⑦＋⑨）／⑥≧75%	④×〔⑬×90%＋（⑫－⑬）×70%〕／⑫	㉑	
	（⑦＋⑩）／⑥≧75%	④×〔⑬×90%＋（⑫－⑬）×60%〕／⑫	㉒	
	（⑦＋⑪）／⑥≧75%	④×〔⑬×90%＋（⑫－⑬）×50%〕／⑫	㉓	
	（⑧＋⑨）／⑥≧75%	④×〔⑭×80%＋（⑫－⑭）×70%〕／⑫	㉔	
	（⑧＋⑩）／⑥≧75%	④×〔⑭×80%＋（⑫－⑭）×60%〕／⑫	㉕	
	（⑧＋⑪）／⑥≧75%	④×〔⑭×80%＋（⑫－⑭）×50%〕／⑫	㉖	
	（⑨＋⑩）／⑥≧75%	④×〔⑮×70%＋（⑫－⑮）×60%〕／⑫	㉗	
	（⑨＋⑪）／⑥≧75%	④×〔⑮×70%＋（⑫－⑮）×50%〕／⑫	㉘	
	（⑩＋⑪）／⑥≧75%	④×〔⑯×60%＋（⑫－⑯）×50%〕／⑫	㉙	

| 【控除対象仕入税額】
（選択可能な計算方式による⑱～㉙の内から選択した金額） | ㉚ | ※申告書⑥欄へ |

注意1　金額の計算においては、1円未満の端数を切り捨てる。
　　2　課税売上げにつき返品を受け又は値引き・割戻しをした金額（売上対価の返還等の金額）があり、売上（収入）金額から減算しない
　　　方法で経理して経費に含めている場合には、⑥から⑪の欄にはその売上対価の返還等の金額（税抜き）を控除した後の金額を記入する。

【図7-6】付表5 控除対象仕入税額の計算表

個人事業主の場合は前年度の消費税の年税額に応じて中間申告と納付が必要になります。

直前の課税期間の確定消費税額	48万円以下	48万円超から400万円以下	400万円超から4,800万円以下	4,800万円超
中間申告の回数	原則、中間申告不要 ただし、任意の中間申告制度あり(注2)	年1回	年3回	年11回
中間申告提出・納付期限		各中間申告の対象となる課税期間の末日の翌日から2か月以内		(図1のとおり)
中間納付税額(注3)		直前の課税期間の確定消費税額(注1)の6/12(注4)	直前の課税期間の確定消費税額(注1)の3/12(注4)	直前の課税期間の確定消費税額(注1)の1/12(注4)
1年の合計申告回数	確定申告1回	確定申告1回 中間申告1回	確定申告1回 中間申告3回	確定申告1回 中間申告11回

図1　年11回の中間申告の申告・納付期限は、以下のとおりになります。

個人事業者	法人
1月から3月分 → 5月末日	その課税期間開始後の1か月分 → その課税期間開始日から2か月を経過した日から2か月以内(注5)
4月から11月分 → 中間申告対象期間の末日の翌日から2か月以内	上記1か月分以後の10か月分 → 中間申告対象期間の末日の翌日から2か月以内(注5)

【図7-7】出典：国税庁「中間申告の方法」

　直前の課税期間の確定消費税額は、地方消費税は含まないので納税した額と間違えないように注意してください。
　また、納付すべき消費税額および地方消費税額の納付が遅れた場合、納付の日までの延滞税を本税と併せて納付することになりますので注意してください。延滞税は、納税が遅れたことに対する利息のようなものです。最高税率は年14.6％と非常に高率ですので気を付けましょう。

6、消費税のいろいろな納税方法

　消費税の納付方法は以下の通りです。やりやすい納税の方法を選ぶことができます。

　（1）窓口納付
　従来からある一般的な方法です。自宅や事務所に届いた納付書に金額を書き込み、金融機関か税務署の窓口にて、現金や口座で支払います。

　（2）ダイレクト納付
　e-Tax で電子申告を行い、口座引落しで支払います。初回のみ利用開始手続やダイレクト納付を行う口座の届出が必要ですが、次回からは電子申告後に e-Tax のシステムで簡単に納付できます。

　（3）インターネットバンキング等による納付
　e-Tax の利用開始手続を行えば、インターネットバンキングでも支払えます。ただし Pay-easy（ペイジー）に対応する金融機関に限ります。

（4）クレジットカード納付

インターネット上の「国税クレジットカードお支払サイト」に登録すれば、クレジットカードで支払うことができます。ただし1回の納付額は1,000万円までで、納付額に応じた決済手数料がかかりますので、納税する際は手数料とポイント加算分を比べて損にならないように考えることが必要です。

（5）コンビニ納付（QRコード）

国税庁ホームページの「確定申告書等作成コーナー」でQRコードを取得し、コンビニエンスストアで支払うことができます。ただし1回の納付額は30万円までです。

（6）コンビニ納付（バーコード）

税務署で発行されるバーコード付納付書はコンビニエンスストアで支払うことができます。ただし1回の納付額は30万円までです。

（7）振替納税

個人事業者の方なら、事前に口座振替依頼書を提出することで「振替納税」が利用でき、口座引落しで納付することができます。この場合、口座振替日は4月下旬となりま

す。また、一度手続をすると、預貯金口座の変更や振替納税の取止めなどを申し出ない限り、次回以降も振替納税が行われ、口座残高が足りない場合は、未納扱いになりますので気を付けてください。

（8）スマホアプリ納税

令和4年12月1日からPayPayやLINEPayなどのキャッシュレスアプリでの納税ができるようになりました。

スマホアプリ納付には納税者があらかじめスマートフォンに対象のキャッシュレス決済アプリをダウンロードして、納付金額を銀行口座等からアプリ内の専用口座にチャージしておく必要があります。

納付手続きの際に決済専用画面から利用するアプリを選んで納付情報を入力することでアプリ内の残高から税額が引き落とされるようです。

対象となるアプリは現段階では6種類で、PayPay、d払い、auPAY、LINEPay、メルペイ、AmazonPayが使用できます。

消費税の納税方法
1, 窓口納税
2, ダイレクト納税
3, インターネットバンキング
4, クレジットカード納付
5, コンビニ納付（QR コード）
6, コンビニ納付（バーコード）
7, 振替納税
8, スマホアプリ納税

【図 7-8】 納付の方法

第8章

簡易課税制度で節税する

1、消費税の節税になる簡易課税制度

インボイスを発行するために課税事業者になると、消費税の申告・納税が発生します。

消費税は預かった消費税と支払った消費税の差額を納税するだけなので、基本的に節税という方法がありません。そうすると今まで納税していなかった免税事業者にとって、いきなりの増税となります。

そんな消費税で唯一と言っていい節税ができる申告方法があります。それが、「簡易課税制度」です。

簡易課税制度とは、消費税を申告するにあたり選べる計算方法の1つで、事業者の納税と経理処理の負担を減らすことを主な目的とした制度です。2年前の売上額が、5,000万円以下の年にのみ選択できます。

本来、消費税とは、仕入れなどのために支払った消費税と取引のなかで売上として受け取った消費税を差し引いたものを支払うのが原則とされています。この差額を計算する方法を、原則課税といいます。

原則の納税額＝売上の消費税額－仕入等の消費税額

簡易課税では、この売上として受け取った消費税の合計金額に対して、みなし仕入れ率と呼ばれる一定の割合を乗

じて算出します。

　簡易課税制度における納税額

　＝売上の消費税額−売上の消費税額×みなし仕入率

　＝売上の消費税額×（1−みなし仕入率）

　みなし仕入率には、業種によって固定の値が決められています。事業区分ごとのみなし仕入率は以下の表を見てください。

【図8-1】■みなし仕入率

事業区分		みなし仕入率
第1種事業	卸売業	90%
第2種事業	小売業	80%
	農林水産業（食用）	
第3種事業	農林水産業（非食用）	70%
	鉱業、建設業、製造業	
第4種事業	飲食店業（1.2.3.5.6以外の事業）	60%
第5種事業	運輸通信業、金融、保険業、サービス業（飲食店業を除く）	50%
第6種事業	不動産業	40%

　みなし仕入れ率を用いて納税額を計算するため、結果的に原則課税で計算するときよりも納税額を少なくできる可能性があります。税負担を少しでも軽減できれば、インボイス制度の導入による負担も少なくできるかもしれません。

また、原則課税とは異なり、自分が支払った仕入や経費の消費税について書類や詳細な情報などを細かく記録する必要がないため、経理負担を大きく軽減できます。受領した仕入や経費の請求書等の保存も必要ありませんし、受け取った請求書等をインボイスの有無で分ける必要もなく、仕入や経費の入力も請求書に記載されている金額を入力するだけの今までとほとんど経理作業は変わりません。

　免税事業者から課税事業者になる場合は、ぜひ一度検討してみてください。

2、簡易課税制度を利用するために必要な手続き

　2年前の課税売上高が5,000万円以下であれば、どの事業者も簡易課税での申告や納税ができるわけではありません。

　簡易課税を選ぶためには対象にしたい課税期間が始まる前日までに、管轄の税務署に「消費税簡易課税制度選択届出書」を提出する必要があります。この提出を忘れてしまうと、たとえ条件をクリアしていても簡易課税での消費税計算を行うことができません。【図8-2】

第9号様式

消費税簡易課税制度選択届出書

収受印				
令和　年　月　日	届出者	（フリガナ）		
		納　税　地	（〒　－　）	
				（電話番号　　－　　－　　）
		（フリガナ）		
		氏 名 又 は 名 称 及 び 代 表 者 氏 名		
＿＿＿＿＿税務署長殿		法 人 番 号	※個人の方は個人番号の記載は不要です。	

下記のとおり、消費税法第37条第1項に規定する簡易課税制度の適用を受けたいので、届出します。

□ 　消費税法施行令等の一部を改正する政令（平成30年政令第135号）附則第18条の規定により消費税法第37条第1項に規定する簡易課税制度の適用を受けたいので、届出します。

①	適用開始課税期間	自　令和　　年　　月　　日	至　令和　　年　　月　　日
②	①の基準期間	自　令和　　年　　月　　日	至　令和　　年　　月　　日
③	②の課税売上高		円

事 業 内 容 等	（事業の内容）	（事業区分）第　　種事業

提 出 要 件 の 確 認	次のイ、ロ又はハの場合に該当する（「はい」の場合のみ、イ、ロ又はハの項目を記載してください。）		はい □　いいえ □
	イ	消費税法第9条第4項の規定により課税事業者を選択している場合	課税事業者となった日　　令和　年　月　日
			課税事業者となった日から2年を経過する日までの間に開始した各課税期間中に調整対象固定資産の課税仕入れ等を行っていない　はい □
	ロ	消費税法第12条の2第1項に規定する「新設法人」又は同法第12条の3第1項に規定する「特定新規設立法人」に該当する（該当していた）場合	設立年月日　　令和　年　月　日
			基準期間がない事業年度に含まれる各課税期間中に調整対象固定資産の課税仕入れ等を行っていない　はい □
	ハ	消費税法第12条の4第1項に規定する「高額特定資産の仕入れ等」を行っている場合（同条第2項の規定の適用を受ける場合）（仕入れを行った資産が高額特定資産に該当する場合はA欄を、自己建設高額特定資産に該当する場合はB欄をそれぞれ記載してください。）	仕入れ等を行った課税期間の初日　　令和　年　月　日
			A　この届出による①の「適用開始課税期間」は、高額特定資産の仕入れ等を行った課税期間の初日から、同日以後3年を経過する日の属する課税期間までの各課税期間に該当しない　はい □
			仕入れ等を行った課税期間の初日　　●平成　年　月　日●令和
			建設等が完了した課税期間の初日　　令和　年　月　日
			B　この届出による①の「適用開始課税期間」は、自己建設高額特定資産の建設等に要した仕入れ等に係る支払対価の額の累計額が1千万円以上となった課税期間の初日から、自己建設高額特定資産の建設等が完了した課税期間の初日以後3年を経過する日の属する課税期間までの各課税期間に該当しない　はい □

※　消費税法第12条の4第2項の規定による場合は、ハの項目を次のとおり記載してください。
1「自己建設高額特定資産」を「調整対象自己建設高額資産」と読み替える。
2「仕入れ等を行った」は、「調整対象自己建設高額資産に係る課税仕入れ等を行った、又は「調整対象自己建設高額特定資産の建設等に要した仕入れに係る支払対価の額の累計額が1千万円以上となった」は、「調整対象自己建設高額資産について消費税法第36条第1項又は第3項の規定の適用を受けた」と読み替える。

※　この届出書を提出した課税期間が、上記イ、ロ又はハに記載の各課税期間である場合、この届出書提出後、届出を行った課税期間中に調整対象固定資産の課税仕入れ又は高額特定資産の仕入れ等を行うと、原則としてこの届出書の提出はなかったものとみなされます。詳しくは、裏面をご確認ください。

参 考 事 項	
税 理 士 署 名	
	（電話番号　　－　　－　　）

※税務署処理欄	整理番号		部門番号			
	届出年月日	年　月　日	入力処理	年　月　日	台帳整理	年　月　日
	通信日付印　確認 年　月　日		番号確認			

注意　1．裏面の記載要領等に留意の上、記載してください。
　　　2．税務署処理欄は、記載しないでください。

【図8-2】消費税簡易課税制度選択届出書

もし、その年が事業を始めた初年度だった場合、その初年度の会計期間中に必要な届け出を提出することでも、初年度から簡易課税の適用を受けることができます。

　ただし、免税事業者が令和5年10月1日から令和11年9月30日までの日の属する課税時間に適格請求書発行事業者の登録を受け、登録を受けた日から課税事業者となり、その期間中に簡易課税選択届出書を提出した場合は、その課税期間から簡易課税制度を受けることができます。

【例】免税事業者である個人事業者や12月決算の法人※が、令和5年10月1日から登録を受ける場合で、令和5年12月期から簡易課税制度を適用するとき
　　　※　令和3年12月期（基準期間）の課税売上高が5,000万円以下の事業者

【図8-3】　出典：国税庁　適格請求書等保存方式の概要

　簡易課税制度の適用をやめる際にも、届出が必要となります。

　この場合、適用をやめる年度の前年度の末日までに「消費税簡易課税制度選択不適用届出書」を提出します。

【図8-4】

第25号様式

消費税簡易課税制度選択不適用届出書

令和　年　月　日	届 出 者	（フリガナ）	
		納　税　地	（〒　　－　　　） （電話番号　　－　　－　　　）
		（フリガナ）	
		氏 名 又 は 名 称 及 び 代 表 者 氏 名	
＿＿＿＿税務署長殿		法 人 番 号	※ 個人の方は個人番号の記載は不要です。

　下記のとおり、簡易課税制度をやめたいので、消費税法第37条第5項の規定により届出します。

①	この届出の適用 開始課税期間	自 ⦿平成 ○令和　年　月　日　至 ⦿平成 ○令和　年　月　日
②	①の基準期間	自 ⦿平成 ○令和　年　月　日　至 ⦿平成 ○令和　年　月　日
③	②の課税売上高	円

簡 易 課 税 制 度 の 適 用 開 始 日	⦿平成 ○令和　年　月　日
事 業 を 廃 止 し た 場 合 の 廃 止 し た 日	⦿平成 ○令和　年　月　日
	個 人 番 号 ※ 事業を廃止した場合には記載してください。
参 　 考 　 事 　 項	
税 理 士 署 名	（電話番号　　－　　－　　　）

※ 税 務 署 処 理 欄	整理番号		部門番号			
	届出年月日	年　月　日	入力処理	年　月　日	台帳整理	年　月　日
	通信日付印 年　月　日	確認	番号確認	身元確認 □済 □未済	確認書類	個人番号カード/通知カード・運転免許証 その他（　　　）

注意　1．裏面の記載要領等に留意の上、記載してください。
　　　2．税務署処理欄は、記載しないでください。

【図8-4】消費税簡易課税制度選択不適用届出書

3、簡易課税制度のメリット・デメリット

　簡易課税制度のメリットは、事務経理負担の軽減と消費税の節税です。

　簡易課税によって消費税を計算するのであれば、売上として受け取った消費税に対してみなし仕入れ率を用いるだけで簡単に行えます。

　原則課税とは異なり、仕入税額控除のために請求書など支払った消費税を証明するための書類や詳細な情報を管理しておく必要がありません。

　このように経理負担を大きく軽減できるのは、嬉しいポイントです。

　そして、一番のメリットは、結果的に納めるべき消費税の額を少なくできるかもしれないということです。

　簡易課税制度では、みなし仕入れ率を用いて納税額を算出します。原則課税のように受け取った消費税と仕入れた際の消費税の差額よりも、みなし仕入れ率を用いて算出した納税額が少なくなれば、結果として節税が可能となります。

　簡易課税制度のデメリットは、最低2年間の縛りと消費税の増税の可能性、複数事業を行っている場合の経理の煩

雑さです。

　簡易課税制度を選んだ際は、最低2年間は計算方法を変更できず簡易課税制度での申告をしなければいけません。

　「簡易課税1年目の昨年は黒字だったけど、今年は赤字だから本則課税で計算しよう」とか「今年は設備投資をたくさんしたから還付申告をしたい」ということは最低2年間できません。

　そのため、2年間分の事業計画を想定して、簡易課税制度を利用するかどうかの判断することをおすすめします。

　複数の事業を扱う事業者だと課税売上を区分していないと一番低いみなし仕入率が適用されてしまい増税になるかもしれません。例えば、第二種事業と第四種事業を扱う事業者が課税売上を区分していないと、みなし仕入率は低い方の60%が適用されてしまいます。

　一方で、複数の事業の課税売上を区分していると、業種ごとに異なるみなし仕入率を計算するため、かえって経理作業が煩雑化する恐れがあります。

　簡易課税制度を選択することによって、消費税の納税額が増税することがあることも念頭に置いてください。

　消費税の計算方法は選ぶことができるので、簡易課税制度によってどれほど節税をできるかをシミュレーションしてみると良いでしょう。

【節税につながる場合】

（実際の仕入にかかる消費税額）＜（売上にかかる消費税額×みなし仕入率）

　一方で、次のような場合には税負担が逆に増加します。

【税負担が増える場合】

（実際の仕入にかかる消費税額）＞（売上にかかる消費税額×みなし仕入率）

【具体例】

　Ａさんが経営するＨＰ制作事業の例で考えると、下記のようになります。

　　売上予測　660万　（消費税60万円）

　　経費予測　220万　（消費税20万円）

　１．本則課税

　60万円－20万円＝40万円　納税金額40万円

　２．簡易課税

　ＨＰ制作事業は、第5種（サービス業）に該当します。

　そのため、売上部分の消費税60万円に50％を乗じた金額（60万×50％＝30万）を控除できる消費税と見な

して計算します。

　60万円 − 30万円 = 30万円　納税金額30万円

納税額が10万円減り節税になりました。

【具体例】

　Bさんが経営する小売業の例で考えると、下記のように
なります。

売上予測　　660万　（消費税60万円）

仕入予測　　220万　（消費税20万円）

経費予測　　220万　（消費税20万円）

設備投資　　220万　（消費税20万円）

　1．本則課税

60万円 − 60万円 = 0円　納税金額0円

　2．簡易課税

小売業は、第2種（小売業）に該当します。

　そのため、売上部分の消費税60万円に80％を乗じた金
額（60万 × 80％ = 48万）を控除できる消費税と見なして
計算します。

　60万円 − 48万円 = 12万円　納税金額12万円

　納税額が12万円増え増税になりました。

このように、あらかじめシミュレーションをしていない
と損をしてしまいます。
　簡易課税制度は経理負担の軽減と節税が可能となるかも
しれない制度ではありますが、ケースによっては増税にな
ることもあるので、簡易課税制度を選択する際は最低２年
分の事業計画を作ってシミュレーションを行うことをおす
すめします。

【図 8-5】

簡易課税制度のメリット
① 事務経理負担の軽減 ② 消費税の節税

簡易課税制度のデメリット
① 最低２年間の縛り ② 消費税の増税の可能性 ③ 複数事業を行っている場合の経理の煩雑さ

第9章

インボイスに関する Q&A

インボイス制度は、法律や概要を読んでも実務的にどうすれば良いのか分かりづらいです。そのため、国税庁が「消費税額控除制度における適格請求書等保存方式に関するQ&A」として、わかりやすく解説したQ&Aを随時改訂していっています。

これを読んでいくと、ようやくインボイスを実際にどうすれば良いのか分かっていきます。その中で皆さんに関わり合いの多いものベスト14に絞って掲載します。法人でも個人事業主でも考え方は基本、同じです。

1、登録の取りやめ

【問】

私は個人事業主であり、令和5年10月1日に適格請求書発行事業者の登録を受けていましたが、令和8年1月1日から適格請求書発行事業者の登録を取りやめたいと考えています。この場合、どのような手続が必要ですか。

【答】

適格請求書発行事業者は、納税地を所轄する税務署長に「適格請求書発行事業者の登録の取消しを求める旨の届出

書」（以下「登録取消届出書」といいます。）を提出することにより、適格請求書発行事業者の登録の効力を失わせることができます。

　なお、この場合、原則として、登録取消届出書の提出があった日の属する課税期間の翌課税期間の初日に登録の効力が失われることとなります。

　ただし、登録取消届出書を、その提出のあった日の属する課税期間の末日から起算して30日前の日から、その課税期間の末日までの間に提出した場合は、その提出があった日の属する課税期間の翌々課税期間の初日に登録の効力が失われることとなります。

　したがって、ご質問の場合については、令和7年12月1日までに登録取消届出書を提出する必要があります。

【図 9-1】
《適格請求書発行事業者の取消届出》

（例1）適格請求書発行事業者である個人事業主が令和7年12月1日に登録取消届出を提出した場合

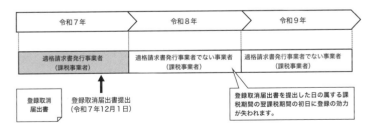

（例２）適格請求書発行事業者である個人事業主が令和7年12月15日に登録取消届出書を提出した場合（届出書を、その提出のあった日の属する課税期間の末日から起算して30日前の日から、その課税期間の末日までの間に提出された場合）

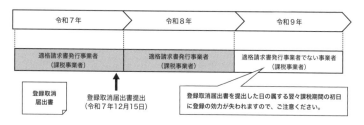

２、適格請求書に係る電磁的記録による提供

【問】

　請求書を取引先にインターネットを通じて電子データにより提供していますが、この請求書データを適格請求書とすることができますか。

【答】

　適格請求書発行事業者は、国内において課税資産の譲渡等を行った場合に、相手方（課税事業者に限ります。）から求められたときは、適格請求書を交付する必要がありますが、交付に代えて、適格請求書に係る電磁的記録を提供することができます。

したがって、あなたは、請求書データに適格請求書の記載事項を記録して提供することにより、適格請求書の交付に代えることができます

3、新たに開業した個人事業主の登録時期の特例

【問】

適格請求書等保存方式の開始後、新たに開業した個人事業主が事業開始と同時に適格請求書発行事業者の登録を受けることはできますか。

【答】

適格請求書発行事業者の登録を受けることができるのは、課税事業者に限られます。

新たに開業した個人事業主が免税事業者の場合、事業を開始した日の属する課税期間の末日までに、課税選択届出書を提出すれば、その事業を開始した日の属する課税期間の初日から課税事業者となることができます。

また、新たに開業した個人事業主が、事業を開始した日の属する課税期間の初日から登録を受けようとする旨を記

載した登録申請書を、事業を開始した日の属する課税期間の末日までに提出した場合において、税務署長により適格請求書発行事業者登録簿への登載が行われたときは、その課税期間の初日に登録を受けたものとみなされます。

　したがって、新たに開業した個人事業主が免税事業者である場合、事業開始時から、適格請求書発行事業者の登録を受けるためには、開業後、その課税期間の末日までに、課税選択届出書と登録申請書を併せて提出することが必要です。

【図9-2】

《新たに開業した個人事業主の登録時期の特例》

（例）令和5年11月1日に個人事業主として開業し、令和5年12月1日に登録申請と課税選択届出書※を併せて提出した法人が免税事業者である場合

事業開始（令和5年11月1日）

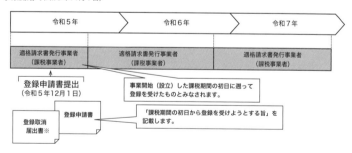

※ 免税事業者が令和5年10月1日から令和11年9月30日までの日に属する課税期間中に適格請求書発行業者の登録を受ける場合、経過措置により、課税選択届出書の提出を要せず、課税事業者となることができます。

4、自動販売機及び自動サービス機の範囲

【問】

3万円未満の自動販売機や自動サービス機による商品の販売等は、適格請求書の交付義務が免除されるそうですが、具体的にはどのようなものが該当しますか。

【答】

適格請求書の交付義務が免除される自動販売機特例の対象となる自動販売機や自動サービス機とは、代金の受領と資産の譲渡等が自動で行われる機械装置であって、その機械装置のみで、代金の受領と資産の譲渡等が完結するものをいいます。

したがって、例えば、自動販売機による飲食料品の販売のほか、コインロッカーやコインランドリー等によるサービス、金融機関のATMによる手数料を対価とする入出金サービスや振込サービスのように機械装置のみにより代金の受領と資産の譲渡等が完結するものが該当することとなります。

なお、小売店内に設置されたセルフレジを通じた販売のように機械装置により単に精算が行われているだけのもの、コインパーキングや自動券売機のように代金の受領と券類の発行はその機械装置で行われるものの資産の譲渡等は別途行われるようなもの及びネットバンキングのように機械装置で資産の譲渡等が行われないものは、自動販売機や自動サービス機による商品の販売等に含まれません。

5、屋号による記載

【問】

　現在、請求書を交付する際に記載する名称について、屋号を使用しています。適格請求書に記載する名称も屋号で認められますか。

【答】

　現行、請求書等に記載する名称については、例えば、請求書に電話番号を記載するなどし、請求書を交付する事業者を特定することができる場合、屋号や省略した名称などの記載でも差し支えありません。

　適格請求書に記載する名称についても同様に、例えば、電話番号を記載するなどし、適格請求書を交付する事業者

を特定することができれば、屋号や省略した名称などの記載でも差し支えありません。

6、適格請求書に記載する消費税額等の端数処理

【問】

適格請求書には、税率ごとに区分した消費税額等の記載が必要となるそうですが、消費税額等を計算する際の1円未満の端数処理はどのように行えばよいですか。

【答】

適格請求書の記載事項である消費税額等に1円未満の端数が生じる場合は、一の適格請求書につき、税率ごとに1回の端数処理を行う必要があります。

なお、切上げ、切捨て、四捨五入などの端数処理の方法については、任意の方法とすることができます。

（注）一の適格請求書に記載されている個々の商品ごとに消費税額等を計算し、1円未満の端数処理を行い、その合計額を消費税額等として記載することは認められません。

《一定期間の取引をまとめた請求書を適格請求書として交付する場合
の記載例》

請求書		
㈱○○御中　　　　　　　　XX 年 11 月 1 日		
10 月分（10/1～10/31）100,000 円（税込）		
日付	品名	金額
10/1	小麦粉　※	5,000 円
10/1	牛肉　　※	8,000 円
10/2	キッチンペーパー	2,000 円
⋮	⋮	⋮
合計	100,000 円（消費税 8,416 円）	
10%対象	60,000 円（消費税 5,454 円）	
8%対象	40,000 円（消費税 2,962 円）	

※印は軽減税率対象商品

△△商事㈱

登録番号 T1234567890123

消費税額等の端数処理は、適格請求
書単位で、税率ごとに 1 回行います。

10%対象：
60,000 円×10/110≒5,454 円

8%対象：
40,000 円×8/108≒2,962 円

（注）　商品ごとの端数処理は認め
　　　られません。

7、一括値引きがある場合の適格簡易請求書の記載

【問】

　小売業（スーパーマーケット）を営む事業者です。飲食料
品と飲食料品以外のものを同時に販売した際に、合計金額
（税込み）から 1,000 円の値引きができる割引券を発行して
います。

　令和 5 年 10 月から、顧客が割引券を使用し、値引きを行っ

た場合、発行するレシートには、どのような記載が必要となりますか。

【答】

　飲食料品と飲食料品以外の資産を同時に譲渡し、割引券等の利用により、その合計額から一括して値引きを行う場合、税率ごとに区分した値引き後の課税資産の譲渡等の対価の額に対してそれぞれ消費税が課されることとなります。

　そのため、適格簡易請求書であるレシート等における「課税資産の譲渡等の税抜価額又は税込価額を税率ごとに区分して合計した金額」は、値引き後のものを明らかにする必要があります。

　なお、税率ごとに区分された値引き前の課税資産の譲渡等の税抜価額又は税込価額と税率ごとに区分された値引額がレシート等において明らかとなっている場合は、これらにより値引き後の課税資産の譲渡等の税抜価額又は税込価額を税率ごとに区分して合計した金額が確認できるため、このような場合であっても、値引き後の「課税資産の譲渡等の税抜価額又は税込価額を税率ごとに区分して合計した金額」が明らかにされているものとして取り扱われます。

　また、レシート等に記載する「消費税額等」については、値引き後の「課税資産の譲渡等の税抜価額又は税込価額を

税率ごとに区分して合計した金額」から計算することとなります。

　ご質問の場合、レシートの記載方法としては次のようなものがあります。

【図 9-4】
（例）雑貨 3,300 円（税込み）、牛肉 2,160 円（税込み）を販売した場合

【値引き後の「税込価額を税率ごとに区分して合計した金額」を記載する方法】

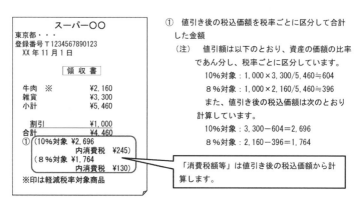

① 値引き後の税込価額を税率ごとに区分して合計した金額
　（注）値引額は以下のとおり、資産の価額の比率であん分し、税率ごとに区分しています。
　　　　10％対象：1,000×3,300/5,460≒604
　　　　8％対象：1,000×2,160/5,460≒396
　　　　また、値引き後の税込価額は次のとおり計算しています。
　　　　10％対象：3,300−604＝2,696
　　　　8％対象：2,160−396＝1,764

「消費税額等」は値引き後の税込価額から計算します。

スーパー〇〇
東京都・・・
登録番号 T 1234567890123
XX 年 11 月 1 日

　　　領 収 書

牛肉　※　　　　　¥2,160
雑貨　　　　　　　¥3,300
小計　　　　　　　¥5,460

　割引　　　　　　¥1,000
合計　　　　　　　¥4,460
①（10%対象 ¥2,696
　　　内消費税　¥245）
　（8％対象 ¥1,764
　　　内消費税　¥130）
※印は軽減税率対象商品

【値引き前の「税抜価額又は税込価額を税率ごとに区分して
合計した金額」と税率ごとの値引額を記載する方法】

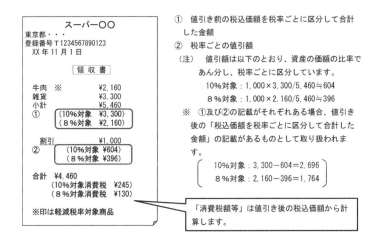

```
        スーパー〇〇
東京都・・・
登録番号 T1234567890123
XX 年 11 月 1 日
        ┌─────────┐
        │ 領 収 書 │
        └─────────┘
牛肉  ※          ¥2,160
雑貨             ¥3,300
小計             ¥5,460
①    (10%対象  ¥3,300)
      (８%対象  ¥2,160)

    割引         ¥1,000
②    (10%対象  ¥604)
      (８%対象  ¥396)

合計 ¥4,460
      (10%対象消費税  ¥245)
      (８%対象消費税  ¥130)

※印は軽減税率対象商品
```

① 値引き前の税込価額を税率ごとに区分して合計
　した金額
② 税率ごとの値引額
(注) 値引額は以下のとおり、資産の価額の比率で
　　あん分し、税率ごとに区分しています。
　　　10%対象：1,000×3,300/5,460≒604
　　　８%対象：1,000×2,160/5,460≒396
※ ①及び②の記載がそれぞれある場合、値引き
　後の「税込価額を税率ごとに区分して合計した
　金額」の記載があるものとして取り扱われま
　す。
　　10%対象：3,300−604=2,696
　　８%対象：2,160−396=1,764

「消費税額等」は値引き後の税込価額から計
算します。

8、登録日である令和5年10月1日をまたぐ
請求書の記載事項

【問】

　令和5年10月1日に適格請求書発行事業者の登録を受
ける予定です。売上げの請求書について、毎月15日締めと
しています。適格請求書等保存方式が開始する令和5年10

月1日をまたぐ令和5年9月16日から10月15日までの期間に係る請求書の記載についてどのような対応が必要ですか。

【答】
　適格請求書発行事業者には、登録日以後の取引について、相手方（課税事業者に限ります。）の求めに応じ、適格請求書を交付する義務があります。
　登録日をまたぐ一定の期間の取引に係る請求書について

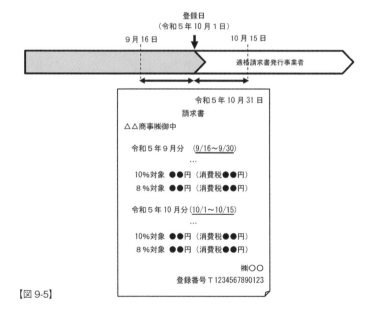

登録日
（令和5年10月1日）

9月16日　　　　　　　　　　　　10月15日

適格請求書発行事業者

　　　　　　　　　　　令和5年10月31日
　　　　　　　　　　　　請求書
△△商事㈱御中

令和5年9月分　(9/16〜9/30)
　　　　…
　10%対象 ●●円（消費税●●円）
　8％対象 ●●円（消費税●●円）

令和5年10月分 (10/1〜10/15)
　　　　…
　10%対象 ●●円（消費税●●円）
　8％対象 ●●円（消費税●●円）

　　　　　　　　　　　　　㈱○○
　　　　　登録番号 T 1234567890123

【図 9-5】

は、登録日以後の課税資産の譲渡等について適格請求書を
交付することとなるため、課税資産の譲渡等の対価の額や
税率ごとに区分した消費税額等の記載に当たっては、登録
日前の課税資産の譲渡等に係るものと登録日以後の課税資
産の譲渡等に係るものとに区分するなどの対応が必要となり
ます。【図9-5】

9、適格請求書の写しの保存期間等

【問】

交付した適格請求書の写しや提供した適格請求書に係る
電磁的記録については、何年間保存が必要ですか。

【答】

適格請求書発行事業者には、交付した適格請求書の写し
及び提供した適格請求書に係る電磁的記録の保存義務があ
ります。

この適格請求書の写しや電磁的記録については、交付し
た日又は提供した日の属する課税期間の末日の翌日から2月
を経過した日から7年間、納税地又はその取引に係る事務
所、事業所その他これらに準ずるものの所在地に保存しな
ければなりません。

10、口座振替・口座振込による家賃の支払

【問】

　事務所を賃借しており、口座振替により家賃を支払っています。不動産賃貸契約書は作成していますが、請求書や領収書の交付は受けていません。このような場合、請求書等の保存要件を満たすためにはどうすればよいですか。

【答】

　通常、契約書に基づき代金決済が行われ、取引の都度、請求書や領収書が交付されない取引であっても、仕入税額控除を受けるためには、原則として、適格請求書の保存が必要です。

　この点、適格請求書は、一定期間の取引をまとめて交付することもできますので、相手方（貸主）から一定期間の賃借料についての適格請求書の交付を受け、それを保存することによる対応も可能です。

　なお、適格請求書として必要な記載事項は、一の書類だけで全てが記載されている必要はなく、複数の書類で記載事項を満たせば、それらの書類全体で適格請求書の記載事項を満たすことになりますので、契約書に適格請求書として必要な記載事項の一部が記載されており、実際に取引

を行った事実を客観的に示す書類とともに保存しておけば、仕入税額控除の要件を満たすこととなります。

　ご質問の場合には、適格請求書の記載事項の一部（例えば、課税資産の譲渡等の年月日以外の事項）が記載された契約書とともに通帳（課税資産の譲渡等の年月日の事実を示すもの）を併せて保存することにより、仕入税額控除の要件を満たすこととなります。

　また、口座振込により家賃を支払う場合も、適格請求書の記載事項の一部が記載された契約書とともに、銀行が発行した振込金受取書を保存することにより、請求書等の保存があるものとして、仕入税額控除の要件を満たすこととなります。

　なお、このように取引の都度、請求書等が交付されない取引について、取引の中途で取引の相手方（貸主）が適格請求書発行事業者でなくなる場合も想定され、その旨の連絡がない場合にはあなた（借主）はその事実を把握することは困難となります（適格請求書発行事業者以外の者に支払う取引対価の額については、原則として、仕入税額控除を行うことはできません。）。

　そのため、必要に応じ、「国税庁適格請求書発行事業者公表サイト」で相手方が適格請求書発行事業者か否かを確認してください。

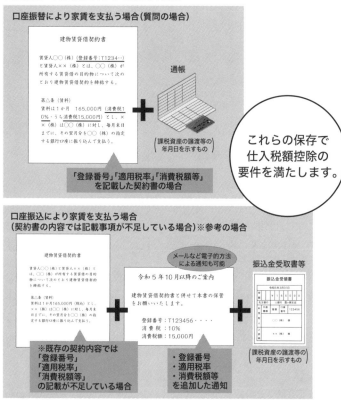

【図9-6】
口座振替・口座振込みによる家賃の支払

口座振替により家賃を支払う場合（質問の場合）

「登録番号」「適用税率」「消費税額等」を記載した契約書の場合

課税資産の譲渡等の年月日を示すもの（通帳）

これらの保存で仕入税額控除の要件を満たします。

口座振込により家賃を支払う場合
（契約書の内容では記載事項が不足している場合）※参考の場合

※既存の契約内容では「登録番号」「適用税率」「消費税額等」の記載が不足している場合

メールなど電子的方法による通知も可能

令和5年10月以降のご案内

建物賃貸借契約書と併せて本書の保管をお願いいたします。

登録番号：T123456・・・・
消費税：10%
消費税額：15,000円

・登録番号
・適用税率
・消費税額等
を追加した通知

振込金受取書等

課税資産の譲渡等の年月日を示すもの

ポイント 相手方の（貸主）から一定期間の賃借料についての適格請求書の交付を受け、それを保存することによる対応も可能です。

取引の都度、請求書が交付されない取引について、取引の途中で相手方（貸主）が適格請求書発行事業者でなくなる場合も想定されます。借主は必要に応じ「国税庁適格請求書発行事業者公表サイト」で確認を!!

（参考）令和5年9月30日以前からの契約について　令和5年9月30日以前からの契約について、契約書に登録番号

等の適格請求書として必要な事項の記載が不足している場合には、別途、登録番号等の記載が不足していた事項の通知を受け、契約書とともに保存していれば差し支えありません。

11、立替金

【問】

取引先のB社に経費を立て替えてもらう場合があります。

この場合、経費の支払先であるC社から交付される適格請求書には立替払をしたB社の名称が記載されますが、B社からこの適格請求書を受領し、保存しておけば、仕入税額控除のための請求書等の保存要件を満たすこととなりますか。

【答】

C社から立替払をしたB社宛に交付された適格請求書をB社からそのまま受領したとしても、これをもって、C社からあなたに交付された適格請求書とすることはできません。

ご質問の場合において、立替払を行ったB社から、立替金精算書等の交付を受けるなどにより、経費の支払先であるC社から行った課税仕入れがあなたのものであることが明らかにされている場合には、その適格請求書及び立替金精算書等の書類の保存をもって、あなたは、C社からの課税

仕入れに係る請求書等の保存要件を満たすこととなります。

　また、この場合、立替払を行うB社が適格請求書発行事業者以外の事業者であっても、C社が適格請求書発行事業者であれば、仕入税額控除を行うことができます。

　なお、立替払の内容が、請求書等の交付を受けることが困難であるなどの理由により、一定の事項を記載した帳簿のみの保存で仕入税額控除が認められる課税仕入れに該当することが確認できた場合、あなたは、一定の事項を記載した帳簿を保存することにより仕入税額控除を行うことができます。この場合、適格請求書及び立替金精算書等の保存は不要となります。

【図 9-7】

立替金の取引図

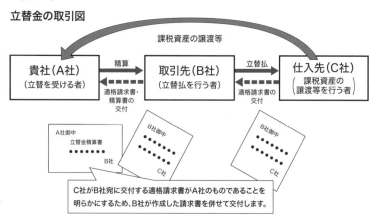

（参考）

　A社を含む複数者分の経費を一括してB社が立替払している場合、原則として、B社はC社から受領した適格請求書をコピーし、経費の支払先であるC社から行った課税仕入れがA社及び各社のものであることを明らかにするために、B社が作成した精算書を添えるなどし、A社を含む立替えを受けた者に交付する必要があります。

　しかしながら、立替えを受けた者に交付する適格請求書のコピーが大量となるなどの事情により、立替払を行ったB社が、コピーを交付することが困難なときは、B社がC社から交付を受けた適格請求書を保存し、立替金精算書を交付することにより、A社はB社が作成した（立替えを受けた者の負担額が記載されている）立替金精算書の保存をもって、仕入税額控除を行うことができます。

　この場合、立替払いを受けたA社等は、立替金精算書の保存をもって適格請求書の保存があるものとして取り扱われるため、立替払を行った取引先のB社は、その立替金が仕入税額控除可能なものか（すなわち、適格請求書発行事業者からの仕入れか、適格請求書発行事業者以外の者からの仕入れか）を明らかにし、また、適用税率ごとに区分するなど、A社が仕入税額控除を受けるに当たっての必要な事項を立替金精算書に記載しなければなりません。

したがって、立替金精算書に記載する「消費税額等」については、課税仕入れの相手方であるＣ社から交付を受けた適格請求書に記載された消費税額等を基礎として、立替払いを受ける者の負担割合を乗じて按分した金額によるなど合理的な方法で計算した「消費税額等」を記載する必要があります。

　また、立替金精算書に記載する複数の事業者ごとの消費税額等の合計額が適格請求書に記載された「消費税額等」と一致しないことも生じますが、この消費税額等が合理的な方法により計算されたものである限り、立替金精算書により仕入税額控除を行うこととして差し支えありません。

　なお、仕入税額控除の要件として保存が必要な帳簿には、課税仕入れの相手方の氏名又は名称の記載が必要であるほか、その仕入れ（経費）が適格請求書発行事業者から受けたものか否かを確認できるよう、立替払を行ったＢ社とＡ社の間で、課税仕入れの相手方の氏名又は名称及び登録番号を確認できるようにしておく必要があります。

　ただし、これらの事項について、別途、書面等で通知する場合のほか、継続的な取引に係る契約書等で、別途明らかにされているなどの場合には、精算書において明らかにしていなくても差し支えありません。

12、帳簿のみの保存で仕入税額控除が認められる 場合

【問】

適格請求書等保存方式の下では、帳簿及び請求書等の保存が仕入税額控除の要件ですが、一定の事項を記載した帳簿のみの保存で仕入税額控除の要件を満たすのは、どのような場合ですか。

【答】

適格請求書等保存方式の下では、帳簿及び請求書等の保存が仕入税額控除の要件とされます。

ただし、請求書等の交付を受けることが困難であるなどの理由により、次の取引については、一定の事項を記載した帳簿のみの保存で仕入税額控除が認められます。

① 適格請求書の交付義務が免除される3万円未満の公共交通機関による旅客の運送

② 適格簡易請求書の記載事項（取引年月日を除きます。）が記載されている入場券等が使用の際に回収される取引(①に該当するものを除きます。)

③　古物営業を営む者の適格請求書発行事業者でない者からの古物（古物営業を営む者の棚卸資産に該当するものに限ります。）の購入

④　質屋を営む者の適格請求書発行事業者でない者からの質物（質屋を営む者の棚卸資産に該当するものに限ります。）の取得

⑤　宅地建物取引業を営む者の適格請求書発行事業者でない者からの建物（宅地建物取引業を営む者の棚卸資産に該当するものに限ります。）の購入

⑥　適格請求書発行事業者でない者からの再生資源及び再生部品（購入者の棚卸資産に該当するものに限ります。）の購入

⑦　適格請求書の交付義務が免除される３万円未満の自動販売機及び自動サービス機からの商品の購入等

⑧　適格請求書の交付義務が免除される郵便切手類のみを対価とする郵便・貨物サービス（郵便ポストに差し出されたものに限ります。）

⑨　従業員等に支給する通常必要と認められる出張旅費等（出張旅費、宿泊費、日当及び通勤手当）

13、出張旅費、宿泊費、日当等

【問】

社員に支給する国内の出張旅費、宿泊費、日当等については、社員は適格請求書発行事業者ではないため、適格請求書の交付を受けることができませんが、仕入税額控除を行うことはできないのですか。

【答】

社員に支給する出張旅費、宿泊費、日当等のうち、その旅行に通常必要であると認められる部分の金額については、課税仕入れに係る支払対価の額に該当するものとして取り扱われます。この金額については、一定の事項を記載した帳簿のみの保存で仕入税額控除が認められます。

なお、帳簿のみの保存で仕入税額控除が認められる「その旅行に通常必要であると認められる部分」については、所得税基本通達9−3に基づき判定しますので、所得税が

非課税となる範囲内で、帳簿のみの保存で仕入税額控除が認められることになります。

14、通勤手当

【問】

社員に支給する通勤手当については、社員は適格請求書発行事業者ではないため、適格請求書の交付を受けることができませんが、仕入税額控除を行うことはできないのですか。

【答】

従業員等で通勤する者に支給する通勤手当のうち、通勤に通常必要と認められる部分の金額については、課税仕入れに係る支払対価の額として取り扱われます。この金額については、一定の事項を記載した帳簿のみの保存で仕入税額控除が認められます。

なお、帳簿のみの保存で仕入税額控除が認められる「通勤者につき通常必要と認められる部分」については、通勤に通常必要と認められるものであればよく、所得税法施行令第20条の2において規定される非課税とされる通勤手当の金額を超えているかどうかは問いません。

第 10 章

令和5年度インボイス制度改正案

令和 4 年 12 月 16 日に公表された『令和 5 年度税制改正大綱』。税制改正大綱は税制改正の素案となるものであり、おおむねこの通りの改正がされることがほとんどですが、100％確定事項ではない点はご理解ください。（令和 5 年 2 月 5 日現在）

1、小規模事業者に対する納税額に係る負担軽減措置

免税事業者がインボイス発行事業者になった場合、消費税の納付税額を売上に係る消費税額の 2 割の金額とすることができることとなります。

【適用対象事業者】

下記のいずれかに該当するインボイス発行事業者

■ 免税事業者がインボイス発行事業者になった場合

■ 課税事業者選択届出書を提出したことにより課税事業者になっている場合

【その他のポイント】

■ 令和 5 年 10 月 1 日より前から課税事業者を選択している場合には、令和 5 年 10 月 1 日の属する課税期間では適用出来ません。

■ 課税事業者選択届出書を提出したことで、令和 5 年

10月1日の属する課税期間から課税事業者となる場合には、その課税期間中に選択不適用届出書を提出すれば、課税事業者選択届出書は効力を失います。

■　消費税の申告書に適用を受ける旨を付記するだけで適用が可能です。

■　この特例の適用を受けた課税期間の翌課税期間中に簡易課税の選択届出書を提出すれば、提出をした課税期間から簡易課税の適用が可能です（インボイス制度の適用初年度の課税期間については現行制度でも届出を提出をした課税期間から簡易課税の適用が可能なため、翌期についてもOKとなりました）。

【図10-1】
・個人事業者は、**令和5年10～12月の申告から令和8年分の申告**までの**4回分の申告**において適用が可能。

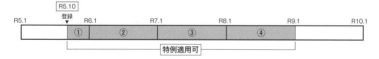

【適用課税期間】

令和5年10月1日〜令和8年9月30日までの日の属する課税期間　【図10-2】

負担軽減措置のメリット
1．消費税の申告、納税が簡単
2．経理処理が免税事業者のままで簡単
3．利益が売上の20％以上の場合、原則より節税

負担軽減措置のデメリット
1．3年間の期間限定
2．利益が売上の20%以下の場合、原則より増税

2、中小事業者等に対する事務負担の軽減措置

　一定の中小事業者や個人事業主は、対価が1万円未満の課税仕入については、インボイスの保存が無くても帳簿の保存のみで仕入税額控除の適用を認めることになります。

【適用対象事業者】

　下記のいずれかに該当する事業者

- 基準期間における課税売上高が1億円以下
- 特定期間における課税売上高が5,000万円以下

【適用時期】

　令和5年10月1日～令和11年9月30日までの間に行う課税仕入。つまり、6年間の期間限定です。

3、少額な返還インボイスの交付義務の見直し

　税込価格が1万円未満の売上返還については、返還インボイスの交付義務が免除ことになります。

【実務上のポイント】

- 売上が入金される際に振込手数料などを控除して振

り込まれる場合などが対象

【適用開始時期】

　令和 5 年 10 月 1 日以後に行う課税資産の譲渡等に係る対価返還が対象

4、インボイス登録申請手続の見直し

　インボイス制度に係る届出書の提出期限について柔軟化がされました。

【免税事業者が登録申請をする場合】

　免税事業者が課税期間の初日からインボイス発行事業者として登録を受けようとする場合の提出期限について、現行の課税期間の初日から起算して 1 か月前であったのものが 15 日前までに緩和されます。

【登録の取消しを求める場合】

　インボイス発行事業者が登録の取消を求める場合の届出書の提出期限について、取消を受けようとする課税期間の初日から起算して 30 日前の日の前日であったのものが 15 日前までに緩和されます。

【経過措置により 10 月 1 日より後で登録を受けようとする場合】

　10 月 1 日より後の日付でインボイス発行事業者の登録を受けようとする場合の登録申請書について、登録を受け

ようとする日から起算して15日前までに提出していれば、希望日に登録が受けられることになります。

【令和5年10月1日からインボイス発行事業者の登録申請を受ける場合の申請期限】

本来の申請期限は令和5年3月31日ですが、困難な事情がある場合に、令和5年9月30日までの間にその困難な事情を記載して提出し、税務署長により適格請求書発行事業者の登録を受けたときは、令和5年10月1日に登録を受けたこととみなされる措置が設けられていました。

この措置について、困難な事情の記載が撤廃され、実質的に令和5年9月30日が期限になったことになります。

【図10-3】

インボイス登録申請手続の見直し
1．免税事業者が登録申請をする場合： 課税期間の初日から起算して1か月前→15日前
2．登録の取消しを求める場合： 取消を受けようとする課税期間の初日から起算して 30日前の日の前日→15日前
3．経過措置により10月1日より後で登録を 受けようとする場合： 登録を受けようとする日から起算して15日前まで
4．令和5年10月1日からインボイス発行事業者の 登録申請を受ける申請期限： 実質的に令和5年9月30日が期限

第11章

電子帳簿保存法

1、電子帳簿保存法とは

インボイス制度は電子帳簿保存法とも密接な関係にあります。インボイスの準備をするとともに電子帳簿保存法の準備も同時に行った方が効率が良かったり、先にお伝えした補助金を同時に利用することができます。

電子帳簿保存法とは、今まで紙で保存することとされていた税金関係の書類を電子データで保存することができるようになったり、電子での取引情報は電子データでの保存をしなければいけなくなることを定めた法律です。

電子帳簿保存法の電子データでの保存は、大きく3種類あります。

①電子帳簿保存、②スキャナ保存、③電子取引の3つです。

この中で「③電子取引」は令和4年1月からデータ保存が義務化されています。ちゃんと守れなかった場合は罰則が発生します。インボイスを電子データでやり取りする場合には、電子帳簿保存法もしっかり理解しておく必要があるのです。

現在、対処期間の短さや周知不足から、政府は電子取引の電子データ保存義務化に対処し切れない企業や個人事業

主に配慮して、２年の猶予期間を設けて令和５年１２月３１日までは紙での保管でも許されています。

　ただし、２年はあくまでも"猶予"であり、施行自体が延期したわけではありません。現時点でも「やらなければならない」ものであり、「やむを得ない理由がある場合に限り猶予が認められる」という状態であることは認識しておいてください。

　２年間の猶予期間が過ぎた後は、税務署の取り締まりが厳格化する可能性もあるということを認識して準備しておく必要があります。

　もし、電子取引を電子データで保存しなかった場合は、青色申告の取り消しや仕入や経費が否認されることがあるかもしれませんので、しっかりと準備しておきましょう。

　電子データに隠蔽や改ざんした事実があった場合には、申告漏れなどに課される重加算税（35％と40％）に10％足された罰金が課されることになります。

２、電子取引ってなに？

　電子取引とは、メールやインターネットを介してやり取りした取引情報に係るデータを電子データのままで保存することを義務化したものです。

請求書・領収書・契約書・見積書などに関する電子データを送付・受領した場合は、その電子データを一定の要件を満たした形で保存することが義務付けられています。

【図 11-1】

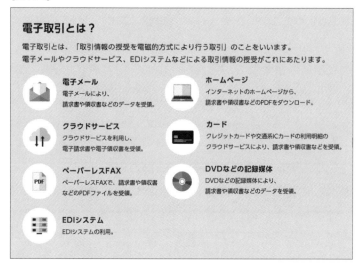

電子取引とは？

電子取引とは、「取引情報の授受を電磁的方式により行う取引」のことをいいます。
電子メールやクラウドサービス、EDIシステムなどによる取引情報の授受がこれにあたります。

電子メール
電子メールにより、
請求書や領収書などのデータを受領。

ホームページ
インターネットのホームページから、
請求書や領収書などのPDFをダウンロード。

クラウドサービス
クラウドサービスを利用し、
電子請求書や電子領収書を受領。

カード
クレジットカードや交通系ICカードの利用明細の
クラウドサービスにより、請求書や領収書などを受領。

ペーパーレスFAX
ペーパーレスFAXで、請求書や領収書
などのPDFファイルを受領。

DVDなどの記録媒体
DVDなどの記録媒体により、
請求書や領収書などのデータを受領。

EDIシステム
EDIシステムの利用。

　電子データを保存するには2つの要件があります。

　1つ目は、真実性の要件で「データの真実性を担保する措置」です。
　2つ目は、可視性の要件で「検索機能の確保」が必要です。

電子取引の保存要件　※　下線を付した部分が、今回改正により変更があった箇所になります。

真実性の要件	以下の措置のいずれかを行うこと ① タイムスタンプが付された後、取引情報の授受を行う ② 取引情報の授受後、速やかに（又はその業務の処理に係る通常の期間を経過した後、速やかに）タイムスタンプを付すとともに、保存を行う者又は監督者に関する情報を確認できるようにしておく ③ 記録事項の訂正・削除を行った場合に、これらの事実及び内容を確認できるシステム又は記録事項の訂正・削除を行うことができないシステムで取引情報の授受及び保存を行う ④ 正当な理由がない訂正・削除の防止に関する事務処理規程を定め、その規程に沿った運用を行う
可視性の要件	保存場所に、電子計算機（パソコン等）、プログラム、ディスプレイ、プリンタ及びこれらの操作マニュアルを備え付け、画面・書面に整然とした形式及び明瞭な状態で速やかに出力できるようにしておくこと
	電子計算機処理システムの概要書を備え付けること
	検索機能※を確保すること ※　帳簿の検索要件①～③に相当する要件（ダウンロードの求めに応じることができるようにしている場合には、②③不要） 保存義務者が小規模な事業者でダウンロードの求めに応じることができるようにしている場合には、検索機能不要

【図 11-2】　出典：国税庁　電子帳簿保存法が改正されました

「データの真実性を担保する措置」については、

A）タイムスタンプが付されたデータを受け取る

B）データに速やかにタイムスタンプを押す

C）データの訂正・削除が記録される又は禁止されたシステムでデータを受け取って保存する

D）不当な訂正削除の防止に関する事務処理規程を整備・運用する

というA～Dのいずれかを行うことが求められます。

Aは取引先、Bは自社にタイムスタンプが付与できるシステム導入が必要です。Cについても、システム導入が必要なほか、データの保存だけではなくやりとりもそのシステム内で行う必要があります。Dについては、自社で電子データの取り扱いについての規程を、国税庁が公表してい

る事務処理規程のサンプル等を活用して定めておく方法です。A4用紙1枚程度の簡単なもので大丈夫です。

　個人事業主はこのDから始めるのがおすすめです。事務処理規程の作り方は、国税庁がWordでサンプルを掲載しているので、そのまま使用すると簡単です。【図11-3】

　https://www.nta.go.jp/law/johozeikaishaku/sonota/jirei/0021006-031.htm

（個人事業者の例）

電子取引データの訂正及び削除の防止に関する事務処理規程

　　この規程は、電子計算機を使用して作成する国税関係帳簿書類の保存方法の特例に関する
　法律第7条に定められた電子取引の取引情報に係る電磁的記録の保存義務を適正に履行する
　ために必要な事項を定め、これに基づき保存することとする。

（訂正削除の原則禁止）
　　保存する取引関係情報の内容について、訂正及び削除をすることは原則禁止とする。

（訂正削除を行う場合）
　　業務処理上やむを得ない理由（正当な理由がある場合に限る。）によって保存する取引関係
　情報を訂正又は削除する場合は、「取引情報訂正・削除申請書」に以下の内容を記載の上、事
　後に訂正・削除履歴の確認作業が行えるよう整然とした形で、当該取引関係情報の保存期間に
　合わせて保存することをもって当該取引情報の訂正及び削除を行う。
　一　申請日
　二　取引伝票番号
　三　取引件名
　四　取引先名
　五　訂正・削除日付
　六　訂正・削除内容
　七　訂正・削除理由
　八　処理担当者名

　　この規程は、令和〇年〇月〇日から施行する。

【図11-3】出典：国税庁
電子取引データの訂正及び削除の防止に関する事務処理規程（個人事業者の例）

　「検索機能の確保」は、「取引年月日」「取引金額」「取引
先」で検索できる状態にしておかなくてはなりません。

　①専用ソフトで機能を備える方法のほか、②保存する
ファイル名を「20221031_（株）国税商事_110000」のよ
うにしておくことでフォルダの検索機能が使えるようにし
ておく方法、③ Excel 等で索引簿を作成しファイルと関係
づけて検索できるようにしておく方法等も認められていま
す。国税庁の HP で索引簿の作成例がダウンロードできる
ので、参考に使うと便利です。【図 11-4】

■索引簿の作成例

連番	日付	金額	取引先	備考
①	20210131	110000	㈱霞商店	請求書
②	20210210	330000	国税工務店㈱	注文書
③	20210228	330000	国税工務店㈱	領収書
④				
⑤				
⑥				
⑦				
⑧				

【図 11-4】　出典：国税庁　電子帳簿保存法一問一答より

基準期間の売上高が 1,000 万円以下である方は、税務職員による質問検査権に基づく電磁的記録のダウンロードの求めに応じることができるようにしている場合には、検索要件は不要となっています。ただし、令和5年度税制改正大綱で基準期間の売上高が 1,000 万円以下を 5,000 万円以下にする案が出ているので、これが通るとほとんどの個人事業主やフリーランスは検索要件が不要になります。

　電子取引を電子データで保存しなかった場合は、青色申告の取り消しや仕入や経費が否認されることがあるかもしれませんので、しっかり行わなければいけません。

3、これからの経理のあり方

　今までは郵送や FAX などの紙で受け取った請求書と、電子データで受け取った請求書を紙に印刷して一緒に管理することが可能でした。

　しかし今回の電子帳簿保存法の改正で、電子データで受け取った請求書を紙に印刷して保存することはできなくなり、電子取引が電子での保存（電子取引データの保存）のみで行う必要があります。

　これによって、これまでのように電子データを印刷して

紙の請求書とまとめて一緒に管理することはできなくなり、紙を電子化して電子データで一元管理することが推奨されていくと考えられます。

　インボイス制度にしても、いちいち請求書や領収書にインボイス番号の『Ｔ』があるかないかを人の目でチェックしていくのは効率的ではありません。

　インボイス番号があるかないかのチェックを行い、インボイスに記載されている消費税の金額をそのまま入力する（今までは会計ソフトが消費税率で割り返して計算していました）。これらを今までのように人の作業で行っていくことには限界が来るような作業量が発生してきます。

　今回のインボイス制度と電子帳簿保存法は、国が推進しているDX推進の一環なのです。インボイス制度は正確な消費税額の把握、税の公平が目的としていますが、その一方で経理業務の効率化を目指しており、経理のデジタル化を進めなければ対応できないようになっているのです。

　つまり、インボイス制度が始まる令和5年10月、電子帳簿保存法の電子取引の電子データ保存が完全義務化になる令和6年1月の前の令和5年12月までには、個人事業主もある程度、デジタル化を進めていかなければいけないということになります。

　いま世の中に、たくさんのインボイス制度や電子帳簿保

存法に対応しているソフトウェアが出てきています。

　これらを使いこなすことができるようになれば、インボイス制度も電子帳簿保存法への対応もそれほど面倒ではなくなるかもしれません。

　しかし、購入を焦ってしまい途中でソフトの変更をしてしまうと変更前のデータを見ることができなくなってしまったり、データが消えてしまうことがあるかもしれません。

　新たなソフトウェアの導入や購入には資金も必要になってきます。そのためにも、先に説明した補助金を利用してください。インボイス制度や電子帳簿保存法には、国を挙げて取り組んでいます。そのため、インボイス制度導入に関するソフトウェアなどの購入費用についての補助金は比較的通りやすいです。どうせ購入するなら絶対に申請を検討してみてください。

　このようにこれからの経理業務のやり方は大きく変わっていきます。おそらくその際には、税理士事務所の関わり方も変わっていくと思います。

　これからは記帳代行や税務申告書だけを作成することから、新しく変わっていく税法に対応した経理のデジタル化やDXに対応し経営や事業のアドバイスができる税理士事務所が求められていくでしょう。

　インボイスの発行事業者になり、経理業務や申告業務を

税理士事務所に依頼するようになる際は、このようなことも考えながら選んで行ってください。

最後に

『インボイス制度』。なんて無茶苦茶な制度だと講演をする度に思います。皆、その恐ろしさを知らずに、インボイス制度に対応するために制度の概要を聞きに私の講演に来ます。

しかし、話が進むにつれて皆、顔が曇っていくのです。それは免税事業者だけに限りません。免税事業者と付き合いのある課税事業者の方々も、免税事業者との取引きをどうしていくのかと頭の中で思いを巡らしています。

日本人は特に昔からの付き合いや周りとの関係を重んじます。だからこそ、この『インボイス制度』によってインボイスを発行できない免税事業者との取引をどうするのか、という自分たちが思っていた『インボイス制度』とは違うもっと大きな問題に悩まされることとなるのです。

免税事業者にとっては、今まで消費税の申告・納税をしたことがなかったのに、いきなり『インボイス制度』に則った請求書を作るようにと変わり、その上申告と納税もしなければいけないと言われたらパニックになるに違いありません。

　しかし、免税事業者だった個人事業主やフリーランスの人は、このインボイス制度をきっかけに自分たちが課税事業者になってインボイスを発行するのか、免税事業者のまま事業をしていくのかを選び、そしてその選択に対応した準備をしていかなければ、インボイス制度が始まる令和5年10月1日以降には大変なことが起こるかもしれません。

　その時に慌てることなく、事前に心構えと準備ができるように、この本でシミュレーションをしていってください。

　これから先、日本もデジタル化やネット社会が進んでいくと思います。このインボイス制度や電子帳簿保存法もそのような時代の流れの一環なのだと割り切り、自分たちの事業に大きな手間となることとならないようなシステムややり方を導入していかなければいけないでしょう。

　私たち税理士事務所も、ただ経理の入力代行をする時代から、経理のシステムなどの仕組みづくりのお手伝いやそこから得られた数字を事業に活かすお手伝いといった、時代に則したサービスを提供できる存在に変化していけなければ消滅していってしまうかもしれません。

　進化論を唱えたダーウィンは、「この世に生き残る生き物は、最も力の強いものではなく、最も頭のいいものでも

なく、変化に対応できる生き物だ」と言っています。

　『インボイス制度』は消費税法の中でも大きな改正であり、大きな変革を必要とされる制度であると思います。そんな『インボイス制度』開始後も生き残っていくことができる個人事業主やフリーランスは、いち早く変化に対応し準備をしていった人たちだと私は思います。

　皆さんの事業が今回の変化に対応でき、今後も継続していくことを心からお祈りしています。

　この本を書くことを決めてからせっかくインボイス制度について情報を集めるのだったら、その情報をより多くの人たちに伝えたいと思い、しばらく止めていた講演を再開しました。そして、1か月に20講演、月の延べ人数1,000人ほどの方々に受講していただきました。講演の最中や講演後に質問や相談を受ける中で、より具体的により分かりやすく伝えていくように改良していきました。そういう意味では受講者の方々と一緒に作り上げた本でもあると思います。

　そして、この本の校正には息子たちにも手伝ってもらいました。まだ学生ですが、こういった若者にも起業や事業をしている人たちに触れ、自ら考えて行動することができるような人間になってもらいたいと思っています。

　最後にインボイスに悩んでいる方、苦しんでいる方の少しでもお役に立てることを期待しております。

中島祥貴（なかしま・よしたか）

ブレインパートナーズ株式会社　代表取締役

税理士・行政書士

1973年鹿児島市生まれ。

2004年30歳のときに独立し、中島祥貴税理士事務所を六本木で開業。

現在は、税務、会計、経理の税務顧問の他、コンサルティング、セミナー講師、執筆、出版、テレビコメンテーターとして幅広く活躍中。

インボイス制度については、多いときは月に20講演以上を行い、全国の個人事業主やフリーランスを中心に分かりやすく解説しながら相談に乗っている。

分かりづらいインボイスを分かりやすく解説するために、新たに「インボイス税理士事務所」のHPを開設して無料メルマガやLINEを使った税務支援サービスを実施。

https://kouekikaikei.com

個人事業主やフリーランスに対して経理、税務だけでなく、銀行融資や補助金申請支援、ブランディングやマーケティングを使った売上UPのコンサルも提供。日本の子供たちが誇りを持てる日本にするために、をミッションに取り組んでいる。

〈個人事業主〉〈フリーランス〉
知識ゼロからわかる[図解]インボイス経理

2023年3月22日　　初版発行

著　者	中　島　祥　貴	
発行者	和　田　智　明	
発行所	株式会社　ぱる出版	

〒160-0011　東京都新宿区若葉1-9-16

03(3353)2835―代表　03(3353)2826―FAX

03(3353)3679―編集

振替　東京　00100-3-131586

印刷・製本　中央精版印刷(株)

© 2023　Yoshitaka Nakashima　　　　Printed in Japan

落丁・乱丁本は、お取り替えいたします

ISBN978-4-8272-1379-9　C0034